Kohlhammer

Der Autor

Prof. Dr. Dr. h.c. Andreas Kruse, geboren 1955, verheiratet, zwei Kinder und zwei Enkelkinder. Studium der Psychologie, Philosophie, Psychopathologie und Musik an den Universitäten Aachen und Bonn sowie an der Musikhochschule Köln. Promotion im Fach Psychologie mit der Note »Summa cum laude et egregia« an der Universität Bonn, Habilitation im Fach Psychologie an der Universität Heidelberg. 1993–1997 Gründungsdirektor und -professor des Instituts für Psychologie der Universität Greifswald, 1997–2021 Direktor des Instituts für Gerontologie der Universität Heidelberg. Ehrendoktorwürde der Universität Osnabrück im Jahre 2010. Im Jahre 2021 Verleihung des Titels »Seniorprofessor distinctus« (auf Lebenszeit) durch die Universität Heidelberg. Zahlreiche internationale und nationale Auszeichnungen, darunter 1st Presidential Award of the International Association of Gerontology. Bundesverdienstkreuz, persönlich verliehen durch den Bundespräsidenten Prof. Köhler für die Beiträge zur Generationenforschung und zur internationalen und nationalen Politikberatung. 1999–2002 Mitglied der vom ehemaligen Generalsekretär der Vereinten Nationen, Kofi Annan, einberufenen Kommission zur Erstellung des International Plan of Action on Aging, 2010–2012 Koordinator im Zukunftsdialog der Bundeskanzlerin der Bundesrepublik Deutschland, von 1998 bis 2000 und von 2003 bis 2020 Vorsitzender der Altersberichtskommissionen der Bundesregierung, von 2016 bis 2022 Mitglied des Deutschen Ethikrates (2016–2018 Stellvertretender Vorsitzender).

Andreas Kruse

Leben in wachsenden Ringen

Sinnerfülltes Alter

Verlag W. Kohlhammer

Dieses Werk einschließlich aller seiner Teile ist urheberrechtlich geschützt. Jede Verwendung außerhalb der engen Grenzen des Urheberrechts ist ohne Zustimmung des Verlags unzulässig und strafbar. Das gilt insbesondere für Vervielfältigungen, Übersetzungen und für die Einspeicherung und Verarbeitung in elektronischen Systemen.

Pharmakologische Daten verändern sich ständig. Verlag und Autoren tragen dafür Sorge, dass alle gemachten Angaben dem derzeitigen Wissensstand entsprechen. Eine Haftung hierfür kann jedoch nicht übernommen werden. Es empfiehlt sich, die Angaben anhand des Beipackzettels und der entsprechenden Fachinformationen zu überprüfen. Aufgrund der Auswahl häufig angewendeter Arzneimittel besteht kein Anspruch auf Vollständigkeit.

Die Wiedergabe von Warenbezeichnungen, Handelsnamen und sonstigen Kennzeichen berechtigt nicht zu der Annahme, dass diese frei benutzt werden dürfen. Vielmehr kann es sich auch dann um eingetragene Warenzeichen oder sonstige geschützte Kennzeichen handeln, wenn sie nicht eigens als solche gekennzeichnet sind.

Es konnten nicht alle Rechtsinhaber von Abbildungen ermittelt werden. Sollte dem Verlag gegenüber der Nachweis der Rechtsinhaberschaft geführt werden, wird das branchenübliche Honorar nachträglich gezahlt.

Dieses Werk enthält Hinweise/Links zu externen Websites Dritter, auf deren Inhalt der Verlag keinen Einfluss hat und die der Haftung der jeweiligen Seitenanbieter oder -betreiber unterliegen. Zum Zeitpunkt der Verlinkung wurden die externen Websites auf mögliche Rechtsverstöße überprüft und dabei keine Rechtsverletzung festgestellt. Ohne konkrete Hinweise auf eine solche Rechtsverletzung ist eine permanente inhaltliche Kontrolle der verlinkten Seiten nicht zumutbar. Sollten jedoch Rechtsverletzungen bekannt werden, werden die betroffenen externen Links soweit möglich unverzüglich entfernt.

1. Auflage 2023

Alle Rechte vorbehalten
© W. Kohlhammer GmbH, Stuttgart
Gesamtherstellung: W. Kohlhammer GmbH, Stuttgart

Print:
ISBN 978-3-17-042121-9

E-Book-Formate:
pdf: ISBN 978-3-17-042122-6
epub: ISBN 978-3-17-042123-3

Inhalt

Vorwort 7

Einleitung 11

1 Seelisch-geistige Kräfte in Zeiten gesellschaftlicher Verunsicherung und Krise 20

2 Wachsen und reifen: Biografie und Persönlichkeit 30

3 Verantwortung übernehmen, Solidarität zeigen 37

4 Verletzlichkeit bewältigen und verarbeiten 47

5 Lebensbindungen erkennen, »Ja« zum Leben sagen 62

6 Die Vielstimmigkeit von Seele-Geist: Zur Kreativität und Spiritualität im Alter 78

Inhalt

7	Gedanken zu einer sorge- und pflegefreundlichen Kultur	91
8	Ungleichheit abbauen, Teilhabe und Zugehörigkeit fördern	100
9	Grenze – Wachstum regt sich	107
Abschluss		**125**
Dedikation		**135**

Vorwort

Das vorliegende Buch ist Ausdruck des Wunsches, ein eher persönliches Resümee über wissenschaftliche Befunde zum hohen Alter und deren Übertragung in praktische Handlungskontexte zu ziehen. Es thematisiert die seelisch-geistigen Entwicklungsprozesse im hohen Alter (diese ließen sich in der internationalen Forschung eindrucksvoll nachweisen), ohne dabei die Verletzlichkeit in dieser Lebensphase auszublenden, auch ohne dabei von den sozialen und materiellen Einflussgrößen abzusehen. Bei einer vorwiegend oder ausschließlich körperlich orientierten Betrachtung des hohen Alters laufen wir Gefahr – so lautet eine zentrale These des Buches –, die seelisch-geistigen Kräfte und Entwicklungsmöglichkeiten im hohen Alter »abzuschatten«. Und auch die bisweilen undifferenziert getroffene Aussage über die »gesellschaftlichen Belastungen«, die mit der wachsenden Anzahl alter Menschen verbunden seien, trägt dazu bei, über diese Kräfte rasch hinwegzugehen. Aus dem Blick gerät dabei das Humanvermögen, das unserer Gesellschaft und Kultur mit den seelisch-geistigen Kräften des Alters, die übrigens auch das Thema der Spiritualität und Transzendenz berühren, zuwächst: Wertvolle Potenziale bleiben in diesem Falle ungenutzt.

In diesem Buch verzichte ich – im Gegensatz zu früher veröffentlichten Büchern – auf ein ausführliches Literaturregister. Nur in den wenigsten Fällen erfolgt ein Hinweis auf eine vorliegende Publikation. Damit soll der essayistische Charakter der vorliegenden Publikation unterstrichen werden.

Dieses Resümee habe ich nach Ausscheiden aus dem Dienst der Universität Heidelberg verfasst. Es versteht sich auch als mein Dank für die Möglichkeiten, die mir meine Berufstätigkeit geschenkt hat. Unter den vielen, denen hier Dank gebührt, kann ich nur wenige Institutionen und Personen nennen. Zunächst die Universität Heidelberg, die mir ein wunderbares Arbeits- und geistiges Umfeld geboten hat, sodann die Fakultät für Empirische Kultur- und Verhaltenswissenschaften, in der wir zahlreiche interdisziplinäre Themen erörtern und Projekte anstoßen konnten und in der das Institut für Gerontologie mit seinen Anliegen in Forschung und Lehre immer ein offenes Ohr vorgefunden hat, schließlich das Institut für Gerontologie selbst, in dem mir meine Kolleginnen und Kollegen immer wieder aufs Neue die Möglichkeit intensiver, von Respekt und Sympathie begleiteter wissenschaftlicher Diskurse geboten haben. Auch wenn ich hier ausdrücklich alle Kolleginnen und Kollegen im Auge habe, so sei mein Stellvertreter am Institut (und sein jetziger Kommissarischer Direktor), Herr Prof. Dr. Eric Schmitt, besonders erwähnt: Er war mir in allen Jahren ein geschätzter Gesprächspartner, wenn es um die aktuellen und die antizipierten Anforderungen an das Institut ging. Dankbar blicke ich auch auf die fruchtbare, fachlich wie menschlich inspirierende Kooperation mit dem Netzwerk Alternsforschung an der Universität Heidelberg zurück, so zum Beispiel in einem zehnjährigen Graduiertenkolleg zur Demenz. Und schließlich dürfen nicht die Studentinnen und Studenten sowie die Doktorandinnen und Doktoranden am Institut für Gerontologie vergessen werden: Der Austausch mit ihnen hat mir stets große Freude bereitet – auch deswegen, weil ich der akademischen Lehre immer große Bedeutung beigemessen habe. Wie viele Impulse sind aus den Seminaren und Gesprächen hervorgegangen!

Ich danke dem Kohlhammer Verlag – und hier vor allem Herrn Dr. Ruprecht Poensgen – für die Möglichkeit, das Resümee in diesem auch für die Dissemination gerontologischen Wissens bedeutenden Verlag veröffentlichen zu können. Frau Kathrin Kastl vom Kohlhammer Verlag danke ich für ihren wertvollen Rat bei der Erstellung der Druckvorlage.

Wie ich am Ende des Buches hervorhebe, ist dieses der Gründerin des Instituts für Gerontologie, Frau Prof. Dr. Dr. h.c. mult. Ursula Lehr, gewidmet. Sie war mir nicht nur akademische Lehrerin und Förderin. Sie ist meiner Frau und mir immer mehr zur Freundin geworden. Ihr Lebensende und ihr Tod haben sich auf das Schreiben des Resümees ausgewirkt, und zwar vor allem in der Hinsicht, dass ich meiner Dankbarkeit dieser großen Frau gegenüber noch einmal aufs Neue Ausdruck verleihen darf.

Heidelberg, im September 2022
Andreas Kruse

Einleitung

Zum Titel und Anliegen des Buches

Der Titel des vorliegenden Buches ist einem im Jahre 1899 von Rainer Maria Rilke (1875–1926) verfassten Vers entlehnt, der sich in dem 1905 erschienenen Werk »Das Buch vom mönchischen Leben« findet.[1] Dort heißt es im dritten und vierten Vers:

Ich lebe mein Leben in wachsenden Ringen,
die sich über die Dinge ziehn.
Ich werde den letzten vielleicht nicht vollbringen,
aber versuchen will ich ihn.

Ich kreise um Gott, um den uralten Turm,
und ich kreise jahrtausendelang;
und ich weiß noch nicht: bin ich ein Falke, ein Sturm
oder ein großer Gesang.

Mit den »wachsenden Ringen« sind hier die seelisch-geistigen, also die »inneren« Lebensringe gemeint. Das Sprachbild der wachsenden Ringe beschreibt zum einen die mit der Lebensgeschichte zunehmende Anzahl von Lebensbereichen, in denen die Person Erfahrungen und Erkenntnisse gewinnen kann, zum anderen die Möglichkeiten weiterer Ausgestaltung der Erfahrungen und Erkenntnisse bei wiederholter Betrachtung eines Lebensbereichs oder bei wiederholter Beschäftigung mit diesem. Im erstgenannten Falle kann von einer *Erweiterung* (horizontale Perspektive) gesprochen werden, im zweitgenannten Fall von einer *Vertiefung* (vertikale Perspektive). Um diese beiden Perspektiven zu veranschauli-

---

[1] Erschienen ist das Werk in seiner ersten Auflage im Insel Verlag (Leipzig). Bei Insel (sowie zwischenzeitlich bei weiteren Verlagen) sind bis heute mehrere Auflagen bzw. Ausgaben des Werkes erschienen.

chen, sei auf die beiden ersten Verse des Werkes »Das Buch vom mönchischen Leben« eingegangen, die wie folgt lauten:

> Da neigt sich die Stunde und rührt mich an
> mit klarem, metallenem Schlag:
> mir zittern die Sinne. Ich fühle: ich kann –
> und ich fasse den plastischen Tag.
>
> Nichts war noch vollendet, eh ich es erschaut,
> ein jedes Werden stand still.
> Meine Blicke sind reif, und wie eine Braut
> kommt jedem das Ding, das er will.

Der Glockenschlag erinnert an die verrinnende Zeit und zugleich an die Aufgabe und Möglichkeit, die Zeit zu nutzen, sich suchend, fragend, erlebend, erfahrend der Welt hinzugeben: sei es, dass man Neues findet, erlebt und erfährt, sei es, dass man bereits Gefundenes noch einmal findet, erlebt und erfährt – und dies in veränderter, vielleicht sogar vertiefter Form. Darin liegt das Moment des plastischen Tages. Die Vertiefung kommt vor allem im zweiten Vers zum Ausdruck, in dem zunächst die Wechselwirkung zwischen Betrachtendem und Betrachtetem im Zentrum steht und dann das Werden, das durch die Blicke des Betrachtenden angestoßen wird. In dieser Wechselwirkung verändert sich nun die bzw. der Betrachtende selbst, so wie sich in der Betrachtung auch die Dinge selbst wandeln.

Deute ich Entwicklung im Lebenslauf *seelisch-geistig*, dann erscheint mir auch das Leben im Alter als eine Lebensphase, in der bedeutende Entwicklungsschritte stattfinden können. Damit widerspricht auch die Tatsache, dass sich im Falle körperlicher Krankheiten und Beeinträchtigungen die Mobilität im hohen Alter deutlich verringert und damit die Erreichbarkeit vieler Orte in der räumlichen und sozialen Welt erschwert ist, *nicht* dem Erleben und der Erfahrung alter Menschen, sich in der seelischen und geistigen Welt immer weiter »vorzutasten«. Die intensive Zuwendung zur eigenen Psyche (als seelischer Prozess) und zum eigenen Geist (als geistiger Prozess) habe ich mit »Introversion mit Introspektion« umschrieben – damit ausdrückend, dass ich im hohen Alter immer weiter *in mich eingehen* (Introversion) und dabei zu persönlich bedeutenden Einsichten und Erkenntnissen (Introspektion) gelangen kann.[2] Ich mag also körperlich in meiner Beweglichkeit erkennbar eingeschränkt sein (was übrigens nicht notwendigerweise der Fall sein muss), kann aber seelisch-geistig ein hohes Maß an Freiheit und Beweglichkeit zeigen. Im Sinne dieser *inneren Freiheit und Beweglichkeit* lässt sich das Naturgedicht »Mondnacht« deuten, das der Schriftsteller Joseph von Eichendorff (1788–1857) im Jahre 1837 veröffentlicht hat.[3]

Es war, als hätt der Himmel
die Erde still geküsst,
dass sie im Blütenschimmer
von ihm nun träumen müsst.

Die Luft ging durch die Felder,
die Ähren wogten sacht,
es rauschten leis die Wälder,
so sternklar war die Nacht.

Und meine Seele spannte
weit ihre Flügel aus,
flog durch die stillen Lande,
als flöge sie nach Haus.

Die Seele, so legt es dieses Gedicht nahe, kann sich sozusagen vom Körper lösen und in diesem Freisein von irgendwelchen äußeren Hindernissen ganz zu sich selbst kommen (»als flöge sie nach Haus«). In dieser Verschmelzung von Seele, Natur und Kosmos

---

2 Ausführlich in: Kruse, A. (2017). Lebensphase hohes Alter: Verletzlichkeit und Reife. Heidelberg: Springer.
3 Erstmals veröffentlicht wurde das Gedicht »Mondnacht« 1837 in einer Gedichtsammlung von Eichendorffs bei Duncker und Humblot (Berlin). Aktuelle, z. T. kommentierte Ausgaben finden sich u. a. bei Insel, Reclam sowie Deutscher Klassiker Verlag.

wird ein Lebens- oder Daseinsthema nicht weniger alter Menschen ausgedrückt, wie sich mir in vielen Interviews zeigte.

Nun heißt es in dem dritten Vers aus dem Werk »Das Buch vom mönchischen Leben« jedoch: »Ich werde den letzten vielleicht nicht vollbringen, aber versuchen will ich ihn.« Was ist damit gemeint? Hier wird angedeutet, dass unser Erkennen und Handeln an *Grenzen* stoßen kann, die vielleicht auf den ersten Blick unüberwindbar erscheinen. Aber nur auf den ersten Blick. Derartige Grenzen stoßen in aller Regel seelisch-geistige Versuche an, zu einem tieferen Verständnis der Begrenztheit unseres Erkennens und Handelns sowie der Unvollkommenheiten unseres Lebens zu gelangen; vor allem in der immer weiter zunehmenden körperlichen Verletzlichkeit werden uns ja diese Unvollkommenheiten deutlich bewusst. Jeder, der über ausreichende Erfahrungen im Umgang mit alten Menschen verfügt, weiß, wie sehr die zunehmend spürbare körperliche Verletzlichkeit als eine Grenzsituation erlebt wird, in der die Person geradezu niedergedrückt oder verzweifelt sein kann. Diese Grenzsituation ist auch als eine besondere Herausforderung für unsere Psyche zu verstehen, die sich an die Tatsache der Verletzlichkeit anpassen, diese als Teil der Existenz (also der Conditio humana) annehmen muss. Doch lässt sich auf der Grundlage von (medizinisch-)psychologischen Befunden konstatieren, dass es alten Menschen durchaus gelingen kann, diese Anpassung zu leisten und die eigene Verletzlichkeit innerlich anzunehmen. Dies gelingt vor allem dann, wenn die Person die Erfahrung macht, im Leben eine Aufgabe zu haben, von anderen Menschen geschätzt und geachtet zu sein oder gebraucht zu werden. Dies habe ich auch für die Lebenssituation des alten Menschen am Ende seines Lebens aufzuzeigen versucht.[4]

Grenzsituationen gewinnen im hohen Alter zunehmend an Gewicht: Man denke hier nur an die schwere Erkrankung und den Tod eines nahestehenden Menschen oder aber an die eigene

---

4 Kruse, A. (2021). Vom Leben und Sterben im Alter. Wie wir das Lebensende gestalten können. Stuttgart: Kohlhammer.

schwere Erkrankung, schließlich an die immer stärker ins Bewusstsein tretende, eigene Endlichkeit. Sensorische, motorische und geistige Einbußen können – so sie eintreten und subjektiv erfahrbar werden – als Grenzen eigenen Handelns erlebt werden, die zunächst als unüberwindbar erscheinen. Auch hier gilt: Es kann alten Menschen allmählich gelingen, Verluste in einer sensorischen oder motorischen Funktion durch vermehrte Akzentuierung einer anderen Funktion auszugleichen (Beispiel: noch stärkere Konzentration auf das Hören im Falle von Seheinbußen). Es kann ihnen gelingen, sich innerlich von Einbußen und Verlusten in einzelnen sensorischen und motorischen Funktionen zu distanzieren und sich stattdessen vermehrt auf seelische und geistige Prozesse zu konzentrieren (Beispiel: an die Stelle des »äußeren Hörens« tritt das »innere Hören«, an die Stelle des »äußeren Sehens« das »innere Sehen«). Der erfolgreiche Ausgleich, vor allem die erfolgreiche Distanzierung ist das Ergebnis seelischer und geistiger Prozesse, die zur tiefgreifend veränderten emotionalen Besetzung einzelner Funktionen und Lebensbereiche führen: manche Funktion, mancher Lebensbereich tritt nun in ihrer bzw. seiner Bedeutung für die Person zurück, eine andere Funktion, ein anderer Lebensbereich tritt nun deutlicher hervor. Dabei spielt der Zugang zur Natur, zur Ästhetik und zu anderen Menschen eine wichtige Rolle; zu nennen ist weiterhin die Erfahrung wahrhaftiger Kommunikation.

»Ich kreise um Gott, um den uralten Turm«: Hier wird eine *spirituelle*, wenn nicht sogar eine *religiöse* Dimension offenbar, die in der Betrachtung des hohen Alters nicht vernachlässigt werden darf. Es gibt existenzpsychologische Theorien, die in der zunehmenden spirituellen (also geistigen) oder religiösen (also gläubigen) Haltung *ein* Potenzial des hohen Alters erkennen. Dies bedeutet nicht, dass alle alten Menschen »gläubig« wären oder »gläubig« werden sollten. Angesprochen ist hier vielmehr eine *geistige* Qualität, die, wie schon betont, im Erleben vieler alter Menschen an Gewicht gewinnt. In den spirituellen oder religiösen Bezügen kann auch die *Psyche* »Heimat« finden, und dies auch im Lebensrückblick, der im hohen Alter immer wichtiger wird. Besonders die Auseinandersetzung mit der eigenen Endlichkeit kann das Bedürfnis nach spiritueller oder religiöser Orientierung anstoßen und vertiefen. Zudem lässt sich beobachten, dass viele Menschen in palliativen Kontexten dankbar für einen spirituellen oder religiösen Beistand sind; wobei unter Spiritualität und Religiosität individuell ganz Unterschiedliches verstanden wird – was auf Seiten der Dialogpartnerinnen und -partner Offenheit und Toleranz erfordert.

»Und ich weiß noch nicht ...«: Damit wird das (wohlwollend-kritische) Hinterfragen der eigenen Person angedeutet, das notwendig ist, wenn die Annahme des eigenen Lebens mit seinen Höhen und Tiefen, mit seinen Erfolgen und Rückschlägen gelingen soll. Hier gewinnen auch das eigene Schulderleben und der Umgang mit Schuld große Bedeutung. Zudem ist die Haltung der Dankbarkeit für gelungene und erfüllte Erlebnisse, Erfahrungen und Begegnungen im Lebenslauf wichtig: Sie bildet eine Voraussetzung dafür, dass das Leben in seiner Verletzlichkeit und Endlichkeit angenommen werden kann.

Der dritte und der vierte Vers aus dem Werk »Das Buch vom mönchischen Leben« geben somit wertvolle Fingerzeige auf das, was ich die *innere* Gestaltung des Alters nennen möchte: Es geht um die innere Auseinandersetzung mit Erlebnissen, Erfahrungen und Erkenntnissen im hohen Alter, zugleich um den Rückblick auf das eigene Leben und schließlich um den vorausschauenden Blick in die Zukunft. Diese Auseinandersetzung kann dabei weitere seelisch-geistige Entwicklungsprozesse anstoßen, die ihrerseits dazu beitragen, dass die Person den letzten Ring vollbringt – um hier an den ersten Vers des von Rainer Maria Rilke verfassten Gedichtes anzuknüpfen.

Es geht in dem Buch jedoch nicht nur um die innere Gestaltung des Alters (also um die Selbstgestaltung), sondern auch um dessen *äußere* Gestaltung, das heißt um das Leben als alternde oder alte Person im sozialen Nahumfeld (gemeint ist hier der Austausch mit Angehörigen, Freunden, Bekannten, Nachbarn) und im öffentlichen Raum (gemeint ist hier das Handeln der Person in der Kommune, der Gemeinde, aber auch in Institutionen und Organisationen). Besondere Bedeutung für die äußere Gestaltung des Alters gewinnen die praktizierte Solidarität und Mitverantwortung für andere Menschen wie auch die (aktive, produktive, schöpferische) Sorge *für* andere und *um* andere Menschen. Dabei kann mit Blick auf die Gestaltung der sozialen Beziehungen von einem Bedürfnis alter Menschen nach Reziprozität, das heißt nach Gegenseitigkeit gegebener und empfangener Hilfe ausgegangen werden. Und mit Blick auf das gesellschaftliche Engagement kann konstatiert werden, dass viele alte Menschen in diesem Engagement eine bedeutende Form der (sozialen, kulturellen und politischen) Teilhabe wie auch des persönlichen Einsatzes für das Gemeinwohl und (im weiteren Sinne) für die Demokratie erblicken.

Somit ergibt sich ein breites Spektrum an Themen, die aufgerufen werden, wenn es um die innere und äußere Gestaltung des Alters geht. Dabei darf nicht von der Lebenssituation, nicht von der räumlichen, sozialen und institutionellen Umwelt des alten Menschen in ihren *objektiven* Bezügen abstrahiert werden. Wenn die Gestaltung von Alter im Zentrum des Interesses steht, dann muss gefragt werden, in welchen – objektiv gegebenen – Situationen und Umwelten alte Menschen leben, inwieweit diese die innere und äußere Gestaltung des Alters fördern oder aber erschweren.

Das Alter lässt sich gestalten – und die innere wie äußere Gestaltung des Alters birgt große Potenziale für die weitere Persönlichkeitsentwicklung. Sie birgt zudem Potenziale für die weitere Entwicklung des öffentlichen Raumes, der Gesellschaft und der Kultur. Schließlich darf und soll nicht übersehen werden, dass auch das Leben in *Grenzsituationen* gestaltbar ist, wobei die Gestaltung in diesen Situationen durch eine konzentrierte, empathische und von tiefem Respekt erfüllte Begleitung des Menschen gefördert, zum Teil erst ermöglicht wird. Und es sei noch einmal betont: Die innere wie äußere Gestaltung des Alters vollzieht sich in Wechselwirkung mit der Nahumwelt, vollzieht sich darüber hinaus unter dem Einfluss objektiver Lebensbedingungen, vollzieht sich schließlich unter dem Einfluss von Gesellschaft und Kultur. Aus diesem Grunde ist es notwendig, immer wieder »über die Person hinaus zu blicken«, nämlich auf die Rahmenbedingungen einer Biografie.

Der Untertitel dieses Buches hebt das »sinnerfüllte« Alter hervor. In dem, was eine Person als sinnerfüllt oder stimmig erlebt und erfährt, drückt sich in besonderem Maße die *Einzigartigkeit* von Erleben und Erfahren aus (hier spricht der Bonner Psychologe Hans Thomae[5] (1951–2001) von einem »principium individuationis«). Auch wenn Gesellschaft und Kultur Sinnangebote unterbreiten, von denen wir uns zum Teil nicht vollumfänglich distanzieren können, auch wenn unsere Welt in weiten Teilen eine gesellschaftlich und kulturell vermittelte ist, so sind doch das Erleben und die Erfahrung von Sinn letztlich hochgradig individuelle Prozesse. Und gerade in diesem Erleben und in dieser Erfahrung spüren wir, wie intensiv wir angesprochen sind, uns ansprechen lassen, resonanzfähig sind – ein zentrales Merkmal der Dynamik der Person.

Sinnerfülltes Alter meint somit: *angesprochen werden* (durch die unterschiedlichen Bereiche der Welt), *sich ansprechen lassen* (offen sein für die unterschiedlichen Bereiche der Welt) und *resonanzfähig sein* (antworten auf die unterschiedlichen Bereiche der Welt – dies in einer der Person ganz eigenen Art und Weise). Damit wird deutlich, wie sehr das sinnerfüllte Alter an objektiv gegebene Lebensbedingungen gebunden ist, definieren diese doch mit, in welcher Art und Weise und in welchem Umfang ich überhaupt durch die Welt angesprochen werde. Doch sind es nicht allein die objektiv gegebenen Lebensbedingungen, denen hier Bedeutung zukommt. Es ist auch die Person selbst, die sich ansprechen lassen muss, die resonanzfähig sein muss; wobei diese Bereitschaft und Fähigkeit – unter anderem, aber nicht unwesentlich – von Teilhabebedingungen beeinflusst sind, die in der Biografie bestanden haben und im Alter bestehen. Bildung ist übrigens eine sehr wichtige Teilhabebedingung.

Mit sinnerfülltem Alter sind in diesem Buch keine Empfehlungen oder gar Rezepte gemeint, die zu einem guten Leben führen.

---

5 Thomae, H. (1968). Das Individuum und seine Welt. Göttingen: Hogrefe.

Abgesehen davon, dass solche Empfehlungen und Rezepte häufig pauschal und damit wenig überzeugend ausfallen (müssen), sind mit den Begriffen »principium individuationis« und »dynamisch« zwei Aspekte angesprochen, die solchen Empfehlungen und Rezepten geradezu entgegenstehen. Es geht nämlich darum, dass die Person zu *ihren geistigen und seelischen Quellen* findet, aus denen ein tiefes, subjektiv überzeugendes Sinnerleben, eine tiefe, überzeugende Sinnerfahrung hervorgeht. Es geht darum, die Resonanzfähigkeit, Offenheit und Toleranz der Person anzusprechen, die wichtig sind, wenn wir uns von der inneren und äußeren Welt ansprechen und anregen lassen wollen. Und es geht natürlich auch darum, darzulegen, wie Gesellschaft und Kultur dazu beitragen können, dass ältere genauso wie jüngere Menschen die sie umgreifende Welt als Aufgabe, vielleicht auch als Geschenk begreifen – und für diese Welt Mitverantwortung tragen. Das alles sind keine Empfehlungen oder Rezepte für Sinnerleben und Sinnerfahrung. Es sind mehr die personalen und situationsbezogenen Rahmenbedingungen, unter denen Sinnerleben und Sinnerfahrung gefördert werden.

1

Seelisch-geistige Kräfte in Zeiten gesellschaftlicher Verunsicherung und Krise

Dieses Buch wurde in einer Zeit großer gesellschaftlicher Verunsicherung, ja, einer gesellschaftlichen Krise geschrieben. Es sind drei Prozesse, die diese Verunsicherung, diese Krise verursacht haben: Zum einen der Angriffskrieg Russlands gegen die Ukraine, der sich immer mehr zu einem Vernichtungskrieg entwickelt, zum anderen die aufeinander folgenden Wellen der Corona-Pandemie, die sich als sehr bedingt kontrollierbar erweist, schließlich die immer deutlicher hervortretende Klimakatastrophe, die in zahlreichen Ländern ihre zerstörerischen Kräfte zeigt; für Deutschland sei hier nur an Überflutungen vom 14. Juli 2021 in Nordrhein-Westfalen und Rheinland-Pfalz erinnert. Zumindest die beiden zuerst genannten Prozesse – Krieg Russlands gegen die Ukraine, Corona-Pandemie – sind mehr oder minder allen Menschen unmittelbar erfahrbar und bestimmen deren Lebensgefühl mit. Die Sorge vor einem Kriegsgeschehen, das ganz Europa oder die ganze Welt erfasst, steigt kontinuierlich. Das Grauen, das die Kriegsbilder auslösen, beeinflusst die Lebenseinstellung auch jener Menschen, die nicht unmittelbar vom Kriegsgeschehen betroffen sind; es lässt die »Natur« des Menschen noch einmal in einem anderen Licht erscheinen: Die Gewalt, an der sich Befehlshaber wie auch Soldaten schier berauschen, lässt uns einmal mehr bestürzt fragen: »Was ist der Mensch?«. Die nicht enden wollende Folge von Wellen der Corona-Pandemie führt uns besonders die Verletzlichkeit der menschlichen Existenz vor Augen, die – in letzter Konsequenz – geringe oder nicht gegebene »Planbarkeit« des Lebens. Und auch für jene Menschen, die die Klimakatastrophe nicht als solche wahrnehmen (wollen), lässt sich feststellen, dass sie von der Wucht einzelner Wetterepisoden äußerlich und innerlich getroffen werden und gerade im Falle von Unwettern spüren, wie wenig sie den Gewalten der Natur entgegensetzen können.

Die beiden ersten der nur kurz angedeuteten Prozesse gewinnen gerade mit Blick auf das hohe Alter noch einmal eine besondere Bedeutung. Der Angriffskrieg Russlands gegen die Ukraine mit Zügen eines Vernichtungskriegs und mit seinen Auswirkungen auf die europäischen Länder erinnert gerade die im hohen Alter, das heißt jenseits des 80., 85. Lebensjahres stehenden Menschen an den Zweiten Weltkrieg und das unbeschreibliche Leid, das dieser über Menschen und ganze Länder gebracht hat. Auch jene, die meinten, die Erlebnisse im und unmittelbar nach dem Zweiten Weltkrieg »vergessen« oder »verarbeitet« zu haben, mussten erfahren, dass dem nicht so ist: Denn Verunsicherungen, Sorgen und Lebensängste, die im Zweiten Weltkrieg und danach aufgetreten waren, stellten und stellen sich wieder ein. Die schon damals erfahrene politische Unsicherheit und Unberechenbarkeit wird heute wieder aktuell und wirkt sich auf das Lebensgefühl, ja, auf die seelische Gesundheit aus. Gemeinsam mit Kollegen hatte ich die Möglichkeit, zwei wissenschaftliche Studien zu leiten, in denen auch die Folgen politischer Traumatisierung im Zentrum des Interesses standen. In der ersten Studie ging es um den Lebensrückblick und die aktuelle seelische Situation ehemaliger jüdischer Emigranten und Lagerhäftlinge in vier unterschiedlichen Ländern (Argentinien, Deutschland, Israel und USA)[6], in der zweiten Studie um die Entwicklung sozialer Unterstützungs- und Engagementstrukturen für Menschen aus den Staaten Belarus, Ukraine und Russland, die in der Zeit des Nationalsozialismus als Zwangsarbeiter nach Deutschland verschleppt worden waren und die erst nach Ende des Zweiten Weltkriegs in ihre Heimat zurückkehren konnten.[7] In Letzterer hatten wir die Aufgabe, die geschaffenen Strukturen zu evaluieren und dabei auch Aussagen zum Lebensrückblick und zur aktuellen seelischen Situation der interviewten Personen zu treffen; diese Studie wurde gemeinsam mit der Stiftung »Erinnerung, Verantwortung und Zukunft« durchgeführt. In den in beiden Studien geführten Interviews wurde deutlich, wie »fragil« bei den meisten Personen die Verarbeitung der traumatischen Erlebnisse im Zweiten Weltkrieg war und ist. Der Bericht über die kriegerischen Auseinandersetzungen in unterschiedlichsten Ländern der Welt konnte Erlebnisse, denen eine Person im Zweiten Weltkrieg (und unmittelbar danach) ausgesetzt war, wieder mit hoher Intensität in das Bewusstsein treten lassen. Zudem wurde als ein zentrales Lebens- oder Daseinsthema das tiefe Verlangen, nicht noch einmal von kriegerischen Auseinandersetzungen betroffen zu

---

6 Überblick in: Kruse, A., & Schmitt, E. (2000). Wir haben uns als Deutsche gefühlt. Lebensrückblick und Lebenssituation jüdischer Emigranten und Lagerhäftlinge. Darmstadt: Steinkopff.
7 Überblick in: Schmitt, E., Hinner, J., & Kruse, A. (2011). Dialogue between generations – basic ideas, implementation and evaluation of a strategy to increase generativity in post-soviet societies. Procedia Social and Behavioral Sciences, 12, 300–310. – Schmitt, E., Hinner, J., & Kruse, A. (2015). Potentials of survivors, intergenerational dialogue, active ageing and social change. Procedia Social and Behavioral Sciences, 171, 7–16.

sein und in einer friedlichen Welt leben zu können, offenbar. Die Sorge vor einer erneuten tiefgreifenden Störung des Weltfriedens und einem (Welt-)Krieg war auch in Studien nachweisbar, in denen alte Menschen interviewt wurden, die den Zweiten Weltkrieg miterlebt hatten, ohne spezifischen Repressalien durch das nationalsozialistische Regime ausgesetzt gewesen zu sein. Auch im Erleben dieser Personen bilden die Aufrechterhaltung des Friedens und die Vermeidung von Krieg ein bedeutendes, wenn nicht sogar zentrales Lebens- oder Daseinsthema. Dies lässt verstehen, warum der Krieg in der Ukraine gerade viele alte Menschen in besonderer Weise berührt und verunsichert. Doch nicht nur dies. Die in der Ukraine lebenden und aus diesem Land geflüchteten Menschen sind auf vielfältige Zeichen der Solidarität sowie auf materielle und emotionale Unterstützung angewiesen. Und gerade hier können alte Menschen, die Krieg und Vertreibung erlebt haben, aus einem persönlichen Wissens-, Erfahrungs- und Erlebensfundus schöpfen, der sich im Zweiten Weltkrieg und unmittelbar nach diesem auszubilden begann. Wie haben meine Familie und ich selbst Krieg, Flucht und Vertreibung zu bewältigen versucht? Welche Formen und Grade der Solidarität durch andere Menschen haben wir erfahren? Welche Formen der Unterstützung haben sich als besonders wirksam erwiesen? Die biografischen Antworten auf diese Fragen bilden in ihrer Gesamtheit jenen Erlebens- und Erfahrungshorizont, auf dem das Schicksal der vom Ukraine-Krieg betroffenen Menschen sowie die als notwendig erachteten Formen der Solidarität betrachtet werden. Ich konnte dies bei einem Flüchtlingskongress beobachten, der von Studentinnen und Studenten der Universität Heidelberg mit meiner Unterstützung und unter meiner Patenschaft für die in den Jahren 2015 und 2016 nach Deutschland geflüchteten Opfer des Syrienkrieges ausgerichtet wurde. Es ist uns damals gelungen, ca. 600 Teilnehmerinnen und Teilnehmer zu gewinnen, die sich aus Flüchtlingen unterschiedlicher Altersgruppen, aus Mitarbeiterinnen und Mitarbeitern von Flüchtlingsverbänden sowie aus Bürgerinnen und Bürgern der Rhein-Neckar-Region zusammensetzten, von denen die meisten 70

Jahre und älter waren. Jene Bürgerinnen und Bürger, die den Zweiten Weltkrieg sowie Flucht und Vertreibung erlebt hatten, hoben hervor, dass sie den Flüchtlingen auch deswegen helfen wollten, weil sie »damals« selbst zahlreiche Zeichen der Unterstützung und Solidarität empfangen hätten. Durch eine nachgehende Analyse von »Paaren« junger (unterstützter) und alter (unterstützender) Menschen konnten wir positive Folgen der Interaktion zwischen Jung und Alt, vor allem aber der von alten Menschen ausgehenden Solidarität erkennen, die uns überzeugten, nicht selten beeindruckten. Wie lautete damals unsere (mit aller Vorsicht vorgenommene) Schlussfolgerung? Die belastenden und aufwühlenden, nicht selten sogar traumatischen Erlebnisse, die die heutigen alten Menschen in Kindheit und Jugend während des Zweiten Weltkrieges und unmittelbar danach machen mussten, haben sich ohne Zweifel tief in das persönliche (und nicht nur in das kollektive) Gedächtnis eingeprägt und können unter aktuellen Erlebnissen, die im Sinne eines »biografischen Erinnerungszeichens« wirken, wieder präsent, wieder thematisch werden. Aber dieses Präsent-, dieses Thematisch-Werden muss sich nicht notwendigerweise in einer – durch die Erinnerung bedingten – emotionalen Erregung ausdrücken, sondern kann auch – produktiv – in einer bestimmten Form mitverantwortlicher Lebensgestaltung münden, die von dem Motiv bestimmt ist, jene Menschen, die heute ein ähnliches Schicksal erfahren wie man selbst vor vielen Jahren, gezielt zu begleiten und zu unterstützen. In dieser Solidaritätsbekundung, in diesem intensiven Mitfühlen, in dieser praktischen Unterstützung liegt ein großes mitmenschliches Potenzial; da sich dieses vor allem aus biografischen Erlebnissen speist, die schon Jahrzehnte zurückliegen, können wir auch sagen: ein großes mitmenschliches Potenzial des Alters. Es besteht die Hoffnung, dass dieses Potenzial auch in der aktuellen Flüchtlingskrise aktualisiert werden wird, auch wenn einschränkend hinzuzufügen ist, dass jene Menschen, die den Zweiten Weltkrieg sowie Flucht und Vertreibung in direkter Folge dieses Krieges erlebt haben, heute in einem Alter stehen, in dem praktische Unterstützung immer schwerer zu erbringen sein wird. Doch wissen wir aus Fernseh- und Rundfunksendungen und Zeitungsartikeln, dass bei vielen alten Menschen ein ehrliches, wahrhaftiges Mitfühlen zu beobachten ist, das ja auch als eine Form der Solidarität zu deuten ist.

Setzen wir nun mit dem zweiten der drei genannten Prozesse fort: nämlich der Corona-Pandemie.

Die Corona-Pandemie erwies sich schon früh als eine besondere Gefährdung für Menschen aus den höchsten Altersgruppen: Die Inzidenz- wie auch die Mortalitätsrate ist unter den Menschen jenseits des 80. Lebensjahres um ein Vielfaches höher als unter den Menschen mittleren oder jüngeren Alters. Auch die von Regierungen verordneten Maßnahmen zum Schutz vor möglicher Infektion mit dem Coronavirus verstärkten einmal mehr die seelischen Anforderungen und Belastungen, die mit der Corona-Pandemie einhergehen: Für alte Menschen waren diese Maßnahmen mit einer deutlichen Verringerung, vielfach sogar mit einem Verlust der Kontakte zu Angehörigen und Zugehörigen verbunden. Nicht selten starben Menschen ganz ohne körperlich nahe Begleitung durch engste Verwandte. Zudem machte sich gerade in Pflegeheimen große Angst vor dem Eindringen des Coronavirus breit; denn den Bewohnerinnen und Bewohnern war klar, dass dieses Eindringen eine unmittelbare Lebensgefahr bedeuten würde. Gerade in Pflegeheimen galt ein strenges »Kontaktverbot« zwischen Bewohnerinnen und Bewohnern, womit die Erfahrung der Zugehörigkeit zu anderen Menschen und des Gebrauchtwerdens von ihnen mehr und mehr zurückging. Wenn man bedenkt, dass Isolation und erlebte Einsamkeit Risikofaktoren sowohl für die seelische als auch für die körperliche Gesundheit bilden, so wird deutlich, mit welchen Belastungen die Maßnahmen zum Schutz vor Infektion verbunden waren. Daraus folgt, dass Aussagen zur seelischen Situation im hohen Alter aktuell nicht losgelöst von der Corona-Pandemie und ihren Konsequenzen getroffen werden können. Allerdings, und dies haben Studien auch gezeigt, wurde und wird in diesen Zeiten auch die seelische Widerstandsfähigkeit vieler alter Menschen offenbar. Im Falle günstiger materieller und sozialer Lebensbedingungen gelang und gelingt es diesen, die mit der Pandemie verbundenen seelischen Belastungen besser abzuwehren oder abzufedern. Wenn hingegen solche günstigen – dies heißt auch: gesundheitsförderlichen – Lebensbedingungen nicht gegeben sind, dann finden sich deutlich seltener Hinweise auf seelische Widerstandsfähigkeit. In einem solchen Falle können sich psychische Störungen, wie zum Beispiel ausgeprägte Angstzustände oder Depressionen einstellen. – Es ist auch mit Blick auf die Corona-Pandemie und ihre sozialen Folgen wichtig, die Frage nach praktizierter und gefühlter Solidarität alter Menschen zu stellen. In den frühen Phasen der Corona-Pandemie wurde die Frage nach Solidarität vor allem mit Blick auf alte Menschen *als »Empfangende« einer Solidarität*, die primär von jungen Menschen ausging, gestellt. Und es wurde ja auch betont, dass die Maßnahmen der Selbstisolierung, deren Einhaltung von der gesamten Bevölkerung erwartet wurde, primär dem Schutz alter Menschen dienen sollten. Nach und nach hat sich dann, und dies auch vor dem Hintergrund der persönlich gewonnenen Erfahrungen innerhalb und außerhalb der Familie, der Blick deutlich erweitert: Alte Menschen wurden nicht mehr nur als Empfangende, sondern auch *als »Gebende« von Solidarität* wahrgenommen. Denn es zeigte sich deutlich, dass sich alte Menschen von dem Schicksal (sehr) junger Menschen beeindrucken ließen und nach Möglichkeiten schauten, junge Menschen gezielt praktisch zu unterstützen oder ihnen die Anteilnahme wenigstens symbolisch zuteilwerden zu lassen. Und auch hier erbrachten Interviews mit alten Menschen wichtige Hinweise auf den – auch – biografischen Rahmen, in den diese Solidarität eingefügt war: Es wurden Abschnitte des Lebenslaufes (vielfach Kindheit und Jugend) genannt, in denen das eigene Leben und jenes der Familie von Entbehrungen bestimmt waren und in denen Hilfe durch andere Menschen nicht selten eine lebensrettende oder lebenserhaltende Bedeutung gewann. Die Unterstützungs- und Hilfeinitiativen, die heute von einem selbst ausgehen, sind auch als symbolischer Dank, sind auch als Ausdruck von Wechselseitigkeit zu verstehen. Abgesehen davon liegt in ihnen – dem Selbstverständnis alter Menschen nach – auch gefühlte und

1 Seelisch-geistige Kräfte in Zeiten gesellschaftlicher Verunsicherung und Krise

praktizierte Gemeinwohlverantwortung. Wir sehen auch hier eine Werteaktualisierung sowie schöpferische Kräfte des Alters als eine von mehreren möglichen Antworten auf gesellschaftliche Verunsicherung und Krise.

Es wurde von *drei* Prozessen gesprochen, die zu gesellschaftlicher Verunsicherung, wenn nicht sogar zur gesellschaftlichen Krise führten und führen. Als dritter Prozess ist die Klimakatastrophe zu nennen, die in vielen Ländern auch unmittelbar erfahrbar ist. Einzelne Phänomene dieser Katastrophe wirken sich direkt auf die körperliche Gesundheit alter Menschen aus: Zu nennen sind hier Hitzeperioden mit ihren negativen Folgen für die körperliche Leistungsfähigkeit im hohen Alter sowie für den Symptomverlauf bei chronischen Erkrankungen. Und es kommt ein weiteres hinzu: Nicht wenige alte Menschen sehen in der Klimakatastrophe auch Folgen eigenen Verschuldens. In Interviews mit alten Menschen, in denen auch Fragen erlebter gesellschaftlicher Verantwortung – vor allem Fragen der Mitverantwortung für nachfolgende Generationen – thematisiert werden, ist nicht selten zu vernehmen, dass eigenes Tun und Unterlassen in früheren Lebensphasen zur heutigen Klimasituation beigetragen habe, die gerade für nachfolgende Generationen eine erhebliche Hypothek bilde. Für jene Menschen, die sich der Einflüsse eigenen Verhaltens und Handelns auf die Lebensbedingungen nachfolgender Generationen (wie auch der Menschen in anderen Kontinenten) bewusst sind, kann die Frage der Schuld zu einem bedeutenden Lebens- oder Daseinsthema werden. Die offene, wahrhaftige Thematisierung von solchen Schuldfragen kann dabei den intergenerationellen Diskussionen und Diskursen einen wichtigen Impuls geben: Denn diese Diskussionen und Diskurse spiegeln die Verantwortung *aller* Generationen für die Gegenwart und Zukunft unseres Planeten wider; in der Schuldthematisierung durch alte Menschen kann sich zudem die »moralische Größe« zeigen, nicht vor der biografischen Schuld wegzulaufen, diese nicht auszublenden, sondern sich dieser Schulderfahrung auszusetzen und vor deren Hintergrund gemeinsam mit nachfolgenden Generationen nach Möglichkeiten zu schauen, wie sich menschliches Verhalten und Handeln so verändern lassen, dass dessen zerstörerische Kräfte erheblich gemindert werden. Ein wichtiges intergenerationelles Projekt, für das sich eindrucksvolle internationale Beispiele finden lassen.

Der Blick auf die Klimakatastrophe erinnert noch einmal an den Krieg in der Ukraine: Denn letzterer verschärft die Klimakatastrophe deutlich. Und dies heißt auch: Die einzelne Person ist einmal mehr dazu aufgerufen, durch den möglichst schonenden (nachhaltigen) Umgang mit den natürlichen, begrenzten Ressourcen Verantwortung für unseren Erdball und damit für nachfolgende Generationen zu zeigen. Dies erfordert einmal mehr eine besondere Sensibilität für intergenerationelle Solidarität, die ich gerade eben schon in Kürze als seelisch-geistiges Potenzial des Alters charakterisiert habe und später noch ausführlich als ein solches charakterisieren möchte.

Schließlich müssen die drei Prozesse noch einmal in ihrer Gesamtheit betrachtet werden: Denn auch und vor allem in ihrer Gesamtheit konfrontieren sie uns mit der Erfahrung, dass unsere Gegenwart und Zukunft in hohem Maße unbestimmt sind, dass sich unsere Zukunft nicht wie selbstverständlich planen, kontrollieren und vorhersehen lässt. Gerade in Phasen der Häufung von Krisenprozessen wird uns die Verletzlichkeit der menschlichen Existenz vor Augen geführt, auf die auch und zuallererst mit erhöhter Solidaritätsbereitschaft zu antworten ist. Es kann angenommen werden, dass alte Menschen vor dem Hintergrund gesellschaftlicher Krisen, die sie in ihrer Biografie erlebt haben, besonders sensibel für die Notwendigkeit gefühlter und praktizierter Solidarität sind: auch dies ist ein nicht zu unterschätzendes seelisch-geistiges Potenzial des Alters als Antwort auf die heutige gesellschaftliche Verunsicherung und Krise.

Es ist nun nicht so, dass die hier nur kurz skizzierten Prozesse die seelischen und geistigen Kräfte alter Menschen – und damit das Thema des Buches – relativierten oder sogar grundlegend in Zweifel zögen. Es lässt sich sogar fragen, und eine derartige Frage wurde ja schon angedeutet, ob in solchen Phasen der gesellschaft-

1 Seelisch-geistige Kräfte in Zeiten gesellschaftlicher Verunsicherung und Krise

lichen (und damit auch der persönlichen) Verunsicherung und Krise nicht sogar die Weiterentwicklung und Verwirklichung seelisch-geistiger Kräfte einmal mehr angestoßen werden: »Wo aber Gefahr ist, wächst das Rettende auch«, so hat Friedrich Hölderlin im Jahre 1803 in seiner Hymne *Patmos* geschrieben. Folgen wir psychologischen Beiträgen zur Bewältigung von Krisen und Belastungen, dann ist es durchaus angemessen, die Frage zu stellen, inwieweit sich in gesellschaftlichen Verunsicherungs- und Krisenphasen bei einem Teil der Menschen – und eben auch der alten Menschen – seelische und geistige Potenziale entfalten können. Denn solche Phasen der Verunsicherung und Krise können alte Menschen dazu anstoßen, sich ihres Lebenswissens und erfolgreicher Verarbeitungs- und Bewältigungsstrategien bewusst zu werden, die sie nicht nur als Impuls für selbstverantwortliches, sondern auch als Impuls für mitverantwortliches Handeln deuten: Mein Lebenswissen, meine erfolgreichen Lebensstrategien können (und sollen) vielleicht auch anderen, jüngeren Menschen Nutzen bringen; wobei dies natürlich nicht im Sinne eines Oktroi verstanden werden darf. Mit anderen Worten: Es ist zu bedenken, dass diese gesellschaftlichen Prozesse immer auch Menschen treffen, die seelisch-geistige Entwicklungsmöglichkeiten schon ausgebildet haben und vielleicht gerade in derartigen Phasen gesellschaftlicher Verunsicherung und Krise besondere seelisch-geistige Stärken unter Beweis stellen oder sogar über sich hinauswachsen. Das hohe soziale Engagement auch vieler alter Menschen in Zeiten der Corona-Pandemie wie auch in Zeiten des Ukraine-Kriegs lässt eine solche Aussage – wenigstens in Ansätzen – zu.

2

Wachsen und reifen: Biografie und Persönlichkeit

In einem ersten Schritt möchte ich die Unterschiede zwischen dem Lebenslauf in seinen objektiven, auch nach außen hin sichtbaren Bezügen und der Biografie in ihren subjektiven, persönlich erlebten Bezügen hervorheben. Diese Unterschiede sind deshalb wichtig, weil wir – nach möglichen Einflüssen der Vergangenheit auf die Gegenwart fragend – nicht bei objektiv gegebenen Ereignissen und Entwicklungen stehen bleiben dürfen, sondern fragen müssen, *wie* diese Ereignisse und Entwicklungen von der Person aufgenommen, wahrgenommen und verarbeitet oder bewältigt wurden. Dies heißt nun nicht, dass wir völlig vom Lebenslauf abstrahieren und ihn damit vernachlässigen könnten. Nein, vielmehr ist gemeint, dass der Lebenslauf sozusagen das »Material« dar-

2 Wachsen und reifen: Biografie und Persönlichkeit

stellt, dass dieses aber in individuell spezifischer Weise auf die Person einwirkt und von ihr in individuell spezifischer Weise verarbeitet oder bewältigt wird. Dabei finden sich große Unterschiede zwischen Personen mit Blick auf jene Ereignisse, Begegnungen, Erfahrungen, die für sie in der Rückschau auf ihr Leben thematisch werden und damit auf ihre besondere Bedeutung im Erleben der Person hinweisen. Und bei einer tieferen Analyse der von der Person berichteten Auseinandersetzung mit Stationen im Lebenslauf wird uns auch deutlich, dass selbst dann, wenn diese Stationen von außen betrachtet ähnlich erscheinen, die Inhalte des Erlebens wie auch die Art der Verarbeitung oder Bewältigung von Person zu Person erheblich abweichen.

Bei der Analyse des Lebenslaufes geht es zunächst um zeitgeschichtliche, gesellschaftliche und kulturelle Kontexte, in die das individuelle Leben eingebettet ist, sowie um die chronologische Abfolge auch von außen benennbarer Ereignisse und Phasen. Es wird nun untersucht, wie diese »äußeren« Rahmenbedingungen und Ereignisse (bzw. Ereignisfolgen) rückblickend erlebt und gedeutet werden. Welche dieser Bedingungen und Ereignisse werden im Rückblick erinnert? Wie werden diese bewertet? Welche Bedeutung wird ihnen für die (weitere) persönliche Entwicklung aus Sicht der Person zugeordnet? Dies ist die erste Analyseebene. Die zweite Analyseebene – und hier handelt es sich um jene der Biografie (oder anders ausgedrückt: des Lebenslaufs in seinen persönlich bedeutenden Aspekten) – betont die *inneren* Erlebnisse und Prozesse einer Person, die von außen nicht unmittelbar einsehbar sind. Hierzu gehören auch Entscheidungssituationen, Entschlüsse, Begegnungen mit Menschen, Erlebnisse und Erfahrungen in den unterschiedlichsten Lebensbereichen, Hoffnungen und Erwartungen wie auch Enttäuschungen und Rückschläge. Dabei spielt die Frage des persönlichen Umgangs mit solchen Situationen eine wichtige Rolle, die bis hin zur Verarbeitung und Bewältigung von Belastungen reicht. Zudem ist zu untersuchen, in welchen Situationen das Leben als erfüllt und stimmig erschien, wobei hier sowohl Tätigkeiten (Interessen) als auch Begegnungen und Erlebnisse, Erfahrungen und Erkenntnisse eine wichtige Rolle spielen. – Die Biografie einer Person erweist sich als gegliedert, das heißt die Ereignisfolge des Lebenslaufes wie auch der Erlebensstrom des Menschen werden im Lebensrückblick strukturiert. Es sind mithin *einzelne* – subjektiv erlebte – Ereignisse und Begegnungen, einzelne innere Erlebnisse und Erkenntnisse, nicht selten auch einzelne innere Prozesse, die im Rückblick als bedeutsam für das weitere Leben und die weitere Entwicklung erlebt und gedeutet werden. In einer spontanen Schilderung der Biografie – noch einmal: des Lebenslaufs in seinen persönlich bedeutsamen Aspekten – ist deutlich erkennbar, dass sich die Person vielfach an einer *inneren Gliederung* orientiert; und diese zeigt sich darin, dass sie sich von einem Erlebnis zu einem weiteren, zum Teil zeitlich weit entfernten Erlebnis vortastet, wobei diese spezifischen Erlebnisse sehr differenziert und umfassend dargestellt werden: vielfach mit Erlebnissen unmittelbar vorher und unmittelbar danach verknüpft. Aus diesem Grunde wird von »biografischen Knoten« gesprochen, die den Erlebensfluss im Lebensrückblick unterteilen oder untergliedern.

Von besonderer Bedeutung für das Verständnis des Wachsens und Reifens in der persönlichen Biografie ist nun die Frage, inwieweit die Person selbst Aussagen darüber trifft, dass ihr biografisches Wissen und biografische Erfahrungen geholfen haben, zu einer umfassenderen und differenzierteren Deutung aktueller Erfahrungen und Erlebnisse und damit auch zu tieferen Erkenntnissen über das Leben als Ganzes wie auch über einzelne Lebensbereiche zu gelangen. Die Zunahme an Lebenswissen – in Umfang wie auch in Tiefe – wird in der Forschung als eine der seelischen und geistigen Kräfte des Alters umschrieben. Von besonderer Bedeutung für das Verständnis von Wachsen und Reifen ist die Betrachtung der Art und Weise des inneren und äußeren Umgangs mit Anforderungen, Herausforderungen, Chancen und Handlungs- bzw. Zukunfts- oder Lebensperspektiven, aber auch mit Belastungen und Konflikten. Es kann durchaus beobachtet werden, dass es Menschen besser gelingen kann, in Situationen erhöhter Anforderung Orientierung zu finden, die eigenen Kräfte zu erkennen und auf diese zu bauen. Zudem besteht die Möglichkeit, auf gelungene Formen der Verarbeitung und Bewältigung wie auch der Verwirklichung von positiv bewerteten Perspektiven und Optionen zurückzugreifen, die in der Biografie entwickelt wurden. Und schließlich geht es um die Fähigkeit, auch bleibende (chronische) Belastungen, innere wie äußere Konflikte innerlich und äußerlich zu meistern. Bei diesen Prozessen der inneren und äußeren Auseinandersetzung mit bestehenden oder mit neuen situativen Möglichkeiten, Herausforderungen und Belastungen spielt auch das eine wichtige Rolle, was ich selbst als *zunehmendes Sich-Einschwingen in seelische (emotionale, motivationale) und geistige (Erkenntnisse) Prozesse* bezeichne. Ich habe hier von *Introversion mit Introspektion* gesprochen, was sich wie folgt übersetzen lässt: Ich gehe selbst immer tiefer in meine Psyche, in meinen Geist ein, erfahre und erkenne meine Psyche und meinen Geist in immer prägnanterer Art und Weise, wobei dazu auch die prägnantere Wahrnehmung eigener Bedürfnisse, Werte und Einstellungen gehört. Aus diesen Wachstums- und Reifungsprozessen kann schließlich eine Persönlichkeitsbildung hervorgehen, die sich mit Begriffen wie Güte, Gefasstheit, Dankbarkeit und Integrität umschreiben lässt. Dabei gehören zur Integrität die Fähigkeit und Bereitschaft zum Eingeständnis von Schuld, ebenso wie zur Vergebung von Schuld anderer Menschen einem selbst gegenüber.

Ich habe die Umschreibung »Introversion mit Introspektion« sowie die Begriffe Güte, Gefasstheit, Dankbarkeit, Integrität und Schuld eingeführt, um Wachstums- und Reifungsprozesse im hohen Alter zu charakterisieren. Nun soll diese Umschreibung bzw. sollen diese Begriffe etwas genauer betrachtet werden, um den Prozesscharakter von seelisch-geistiger Entwicklung noch deutlicher herauszuarbeiten. »Introversion mit Introspektion«: Die Chance und die Aufgabe des Sich-Einschwingens in seelische und geistige Prozesse ergeben bzw. stellen sich auch in früheren Lebensaltern. Und doch vertrete ich die Annahme, dass dieses Sich-Einschwingen im hohen Alter noch einmal »akzentuiert« oder verstärkt wird. Dies bedeutet: Emotionale und motivationale wie auch geistige Prozesse werden Menschen im hohen Alter noch deutlicher bewusst, noch prägnanter erfahrbar als in früheren Lebensjahren (natürlich nur unter der Voraussetzung, dass keine seelischen oder geistigen Krankheitssymptome vorliegen). Wie ist diese Annahme, wie sind empirische Befunde, die diese Annahme stützen, zu erklären? Es sind drei stützende Argumente zu nennen. Das erste Argument: Eine Zunahme an reflektierten Lebenserfahrungen und an Lebenswissen (als – empirisch nachgewiesene – Kräfte des Alters) bedeutet, dass der Person ihre Gefühle, ihre Antriebskräfte und Ziele wie auch ihre Gedankenwelt immer näher, immer vertrauter sind, dass sie sich mit Blick auf Gefühle, Motive und Ziele immer deutlicher ihrer selbst bewusst ist. Im Hinblick auf die Prozesse, die sich in der eigenen Psyche, im eigenen Geist abspielen, können alte Menschen durchaus als Expertinnen und Experten bezeichnet werden. Anders ausgedrückt: Das Altern lässt sich somit als Prozess zunehmender Bewusstwerdung umschreiben; nicht zuletzt der analytische Psychologe Carl Gustav Jung hat eine derartige Deutung des höheren und hohen Alters vorgenommen. Diese Bewusstwerdung kann zum Beispiel zu neuer Kreativität im Denken wie auch im Ausdruck von Gefühlen und Empfindungen führen; genauso gut aber zur Erschütterung und Reue (über Begangenes, Unterlassenes, Zugefügtes). Diese neue Kreativität kann sich zum Beispiel im Humor äußern, der nicht selten als eine Qualität des Alters beschrieben wird; die Erschütterung und Reue in einer Melancholie oder aber in einer bis in die Rigidität gesteigerten inneren Spannung. In dem Maße nun, in dem sich Erschütterung und Reue ausdrücken, in dem sie gegenüber nahestehenden Menschen artikuliert werden können, ist – vielleicht, nicht mit Sicherheit – deren innere Überwindung möglich. – »Güte, Gefasstheit und Dankbarkeit«: In dem Maße, in dem die eigene Biografie bejaht und angenommen werden kann und in dem sich ein schöpferischer Umgang im Denken wie auch im Ausdruck von Gefühlen und Empfindungen einstellt, kann sich eine Haltung ausbilden, die von Güte, Gefasstheit und Dankbarkeit bestimmt ist; unter der Voraussetzung, dass eine derartige Haltung schon in früheren Lebensjahren – zumindest in Ansätzen – erkennbar war. – »Integrität«: Die Integrität der Persönlichkeit (die in der psychologischen Literatur auch mit dem Begriff der »Ich-Integrität« umschrieben wird) wird in Modellen seelisch-geistiger Entwicklung gerne als »Zielpunkt« der individuellen Reifung definiert: Damit ist gemeint, dass die Person im Lebenslauf ihre unterschiedlichen seelisch-geistigen Potenziale zur Entfaltung bringt; gemeint ist weiterhin, das die Person reflektiert – wohlwollend, aber auch selbst-kritisch – auf ihre individuelle Entwicklung blickt; gemeint ist schließlich, dass die Person ihre im Alter deutlicher hervortretende Verletzlichkeits- und Endlichkeitserfahrung bewusst annehmen kann. Die Tatsache, dass die Integrität am Ende einer »gelingenden« Entwicklung steht, macht deutlich, dass auch das Alter unter dem Aspekt von seelisch-geistiger Entwicklung betrachtet werden muss; die Metapher der »wachsenden Ringe« passt hier sehr gut. – »Schuld«: Das Eingeständnis vor sich selbst, wenn nicht sogar vor Anderen, schuldig geworden zu sein – vor anderen Menschen, vor der Welt, vor sich selbst, vor Gott –, bildet sicherlich die größte Anforderung, die der Lebensrückblick an den Menschen richtet, bildet zugleich aber einen bedeutenden Schritt in Richtung auf Integrität. Das Eingeständnis der Schuld erfordert von der Person ein hohes Maß an Offenheit, Toleranz und Selbstkritikfähigkeit. Sind diese drei psychologischen Merkmale gegeben, dann kann Schuld zu einer neuen Lebensinitiative transzendiert werden. Ein Beispiel: Ich habe mich in einem Maße einem anderen Menschen gegenüber schuldig gemacht, dass auch mir selbst eine Vergebung dieser moralischen Schuld unmöglich erscheint; vielleicht lebt dieser Mensch nicht mehr – in diesem Falle ist das Vergeben von Schuld ganz außerhalb der sich bietenden Möglichkeiten. Und doch kann es gelingen, in der Schulderfahrung fortzuleben und diese gleichzeitig konstruktiv zu transzendieren. Zum Beispiel kann ich mich für das Wohl anderer Menschen engagieren – und dies immer in dem Bewusstsein, mit diesem Engagement »symbolisch« eben jene Menschen um Vergebung zu bitten, die mir – weil sie verstorben sind – nicht mehr vergeben können. Wenn sich alte Menschen in eine derartige innere Auseinandersetzung begeben, so muss dies nicht entwicklungshinderlich sein, sondern im Gegenteil: Entwicklung kann gefördert werden. Wenn hingegen eine solche Schuld und das Schuldeingeständnis abgeschattet werden und die Person immer wieder äußert, »mit sich im Reinen zu sein« (eine Aussage, die nicht selten vernehmbar ist), dann wird damit Entwicklung blockiert. Denn die seelische Energie fließt mehr und mehr in die Aufrechterhaltung der einmal gewählten Abschattung von Schuld.

3

Verantwortung übernehmen, Solidarität zeigen

Die am Schluss des vorangegangenen Kapitels getroffenen Aussagen zur Selbstreflexion und Selbsterkenntnis wie auch zum Eingeständnis von Schuld und zur Schuldvergebung führen mich zum Begriff der Verantwortung. Es geht hier zunächst um die *Selbstverantwortung*, das heißt um die Möglichkeit zu selbstbestimmten, autonomen und in Freiheit vollzogenen Handlungen, wie auch um die Übernahme der Verantwortung für die Ergebnisse eben dieser Handlungen.

Das Schuldeingeständnis vor sich selbst, vor Anderen, vor Gott ist Ausdruck von Selbstverantwortung – nämlich Selbstverantwortung in moralischer, in sittlich-normativer Hinsicht. In Interviews

3 Verantwortung übernehmen, Solidarität zeigen

mit alten Menschen, in denen der persönliche Lebensrückblick im Zentrum steht, kann auch das Schulderleben zu einem bedeutenden Thema werden. Der Lebensrückblick ist ja nicht allein oder primär die bloße Nennung von Ereignissen, Handlungen und Verhaltensweisen, sondern immer auch deren rückblickende Deutung und Bewertung; und dies heißt, dass vielfach auch eine Deutung und Bewertung aus moralischer bzw. sittlich-normativer Perspektive erfolgt. Aus dieser Perspektive kann der Anstoß zu weiterer Entwicklung erwachsen, wie das nachfolgende Fallbeispiel zeigt. Dieses Beispiel ist einem Beratungsgespräch entnommen, um das ich gebeten wurde. Das Gespräch datiert auf das Jahr 1988, als ich als Wissenschaftlicher Assistent am Institut für Gerontologie der Universität Heidelberg tätig war.

> Ein damals 84-jähriger Herr suchte mich auf, weil er sich von mir Rat in folgender »Notsituation« (wie er diese innere Situation beschrieb) erhoffte: Nach dem Tod seiner Ehefrau – drei Jahre vor dem Besuch bei mir – sei es um ihn und in seinem Haus sehr still geworden; er pflege kaum Kontakte und sei aus diesem Grunde die meiste Zeit allein. In diesem Alleinsein werde er immer mehr von Erinnerungen an seine Festnahme durch die Gestapo »gequält«, die dazu geführt habe, dass er permanent verhört worden sei; in diesen Verhören habe er einen Freund »verraten«, der zwei Tage nach ihm festgenommen worden sei. Dieser »Verrat« habe dazu geführt, dass der Freund gefoltert worden sei; die Folgen habe der Freund nicht überlebt. »Darüber komme ich nicht mehr hinweg. Diese Schuld kann mir keiner nehmen.« Im Verlaufe mehrerer Gespräche kristallisierte sich die Überzeugung heraus, dass er in der Tat mit dieser Schuld leben müsse, dass er jedoch – wie ich dies seinerzeit umschrieb – gleichzeitig versuchen könne, die Schuld zu »transzendieren«; nämlich dadurch, dass er eine Stiftung aufbaue, die sich um das Schicksal politisch Verfolgter kümmere. Schließlich entschied er sich für eine Zustiftung, das heißt für die kontinuierliche finanzielle Unterstützung einer Stiftung, zu deren

3 Verantwortung übernehmen, Solidarität zeigen

Förderbereich die Entwicklung von Beratungsangeboten für jene Personen gehörte, die politischer Verfolgung ausgesetzt waren. Zudem trat er in einen kontinuierlichen Kontakt mit Wissenschaftlerinnen und Wissenschaftlern, die sich mit Fragen der politischen Verfolgung befassten; er förderte junge Wissenschaftlerinnen und Wissenschaftler durch Stipendien.

Was können wir aus diesem Fallbeispiel mit Blick auf die Selbstverantwortung lernen? Zunächst zeigt es, wie sehr Selbstverantwortung auf der Fähigkeit und Bereitschaft gründet, sich selbstkritisch, aufrichtig und authentisch mit Stationen in der eigenen Biografie auseinanderzusetzen, in denen man – dem eigenen moralischen Empfinden zufolge – Schuld auf sich geladen hat; es wird nichts abgeschattet, nichts beschönigt. Es zeigt uns weiterhin, dass Selbstverantwortung nicht bedeutet, von einem anderen Menschen »Absolution« zu erbitten, sondern dass sie mit dem Verlangen verbunden ist, Schulderleben konstruktiv zu wenden: nämlich in der Richtung, dass man Verantwortung für einen persönlich bedeutsamen Ausschnitt der Welt übernimmt. Hier zeigt sich, dass Selbstverantwortung auch auf die Beziehung zu anderen Menschen, mithin auf Mitverantwortung, verweist.

Ich setze mit einer anderen Seite der Selbstverantwortung fort. Die Aussagen über Wachsen und Reifen können auch in der Hinsicht gedeutet werden, dass der Person – mit ihren eigenen Bedürfnissen, Werten, Einstellungen und Haltungen – die Grundlagen ihres Entscheidens, Handelns und Verhaltens noch deutlicher bewusstwerden. Die im Lebensrückblick stattfindende Bewusstwerdung einzelner, vormals nur in Teilen reflektierter Motive trägt zur Stärkung der Selbstverantwortung bei – wobei mit diesem Zugang zur Selbstverantwortung auch deutlich wird, dass das Mehr an Selbstverantwortung nicht unbedingt »konfliktfrei« erworben wird. Des Weiteren: Dieses Mehr an Selbstverantwortung muss zudem nach außen, mithin gegenüber den An- und Zugehörigen »vertreten« werden, was auch heißt: Die späte Freiheit (man denke hier an die Erzählung »Die unwürdige Greisin« von Bert Brecht

3 Verantwortung übernehmen, Solidarität zeigen

aus dem Jahre 1939) stellt sich nicht einfach nur ein, sondern sie muss auch in gewisser Hinsicht »erstritten« werden.

Ich habe angedeutet, und hier dient mir das Fallbeispiel ebenfalls zur Illustration, dass Selbstverantwortung mit einer anderen Verantwortungsform Überschneidungen aufweist oder diese begründen kann: Gemeint ist hier die *Mitverantwortung*, die sich in der gefühlten und praktizierten Solidarität mit anderen Menschen oder dem Gemeinwohl ausdrückt. Die Mitverantwortung gründet auf der Fähigkeit und Bereitschaft, sich vom Antlitz des Anderen berühren zu lassen (wie dies Emmanuel Lévinas [1906-1995] ausgedrückt hat[8]), was auch dadurch beeinflusst ist, wie sehr sich die Person ihrer eigenen Verletzlichkeit und Endlichkeit bewusst ist. Hier kann das hohe Alter – mit der an Prägnanz gewinnenden Verletzlichkeitsthematik – durchaus als Chance betrachtet werden. Eine weitere Begründung von Mitverantwortung bildet das bei nicht wenigen alten Menschen erkennbare Motiv, eine Aufgabe zu haben, von anderen Menschen geachtet zu sein und gebraucht zu werden. Der von Viktor Emil Frankl (1905-1997) vielfach beschriebene Weg zur Sinnerfahrung – nämlich sich für etwas zu engagieren, was außerhalb der eigenen Person liegt[9] – kommt als Grundlage für viele Ausdrucksformen der Mitverantwortung in Frage. Der Aufgabencharakter des Lebens wird für viele alte Menschen zu einem wichtigen persönlichen Lebens- oder Daseinsthema. Dies schon allein deswegen, weil der Übergang *in das Alter* sowie die Übergänge *im Alter* vielfach auch erfordern, eine neue Aufgabe zu finden, sich in gewandelter Form an das Leben zu binden. Damit wird deutlich, was mit den »wachsenden Ringen« auch gemeint

---

8 Lévinas, E. (1991). Entre nous. Essais sur le penser-à-l'autre. Paris: Grasset & Fasquelle [deutsch: (1995) Zwischen uns. Versuche über das Denken an den Anderen. München: Hanser].
9 Frankl, V. E. (1972/2005). Der Wille zum Sinn. Ausgewählte Vorträge über Logotherapie. Bern: Huber. – Frankl, V.E. (1977/2015). ... trotzdem Ja zum Leben sagen. Ein Psychologe erlebt das Konzentrationslager. München: Kösel.

ist: Impulse für neue Entwicklungsschritte, die nicht allein von außen kommen, sondern auch von innen. Anders ausgedrückt: Aufgaben müssen auch gefunden werden. Oder noch anders: Die Welt mit ihren Aufgaben, mit ihren Sinnquellen muss *uns finden* können; dies heißt auch: Wir müssen uns »finden lassen«.

Die Mitverantwortung führt mich zur *Sorge*, mithin zum Bedürfnis, auch für andere Menschen da zu sein, etwas für andere Menschen zu tun, deren Entwicklung und Lebensqualität zu fördern. Sorge meint zudem nicht nur die von einem Menschen ausgehende, praktizierte Sorge, sondern auch die Sorge, die er von anderen erfährt. Dabei ist auch mit Blick auf Sorgebeziehungen im hohen Alter hervorzuheben, wie wichtig ein *Geben und Nehmen von Hilfe und Unterstützung* für die Akzeptanz erfahrener Sorge ist. Die fehlende Möglichkeit, die empfangene Sorge zu erwidern, macht es schwer, Sorge anzunehmen. Dieser Aspekt gewinnt besondere Bedeutung in Phasen erhöhter Verletzlichkeit.[10] Gerade in solchen Phasen sind Menschen sensibel dafür, ob sie primär als Hilfeempfangende wahrgenommen und angesprochen werden, oder ob sie auch in ihrer Kompetenz, selbst Hilfe und Unterstützung zu leisten, ernst genommen werden. Vor dem Hintergrund dieses Verständnisses von Sorge wird auch deutlich, was mit Sorge *nicht* gemeint ist: das Umsorgt-Werden von anderen Menschen, das Umsorgen anderer Menschen. Nicht selten tendieren wir dazu, Sorge mit Umsorgt-Werden oder Umsorgen gleichzusetzen. Dieses enge Verständnis von Sorge greift zu kurz. Sorge ist weiter zu fassen: Sie meint die *freundschaftliche Hinwendung* zum Menschen, die freundschaftliche Hinwendung zur Welt – und dies in einer Haltung der Mitverantwortung für den Mitmenschen und die Welt, die aus dem Bedürfnis nach aktiver Mitgestaltung der Beziehungen und der Welt erwächst.

---

10 Ausführlich in Kruse, A. (2017). Lebensphase hohes Alter: Verletzlichkeit und Reife. Heidelberg: Springer (darin vor allem Kapitel 4: »Weltgestaltung im hohen Alter als Ausdruck von Sorge um und Sorge für Andere«).

Mit dem Begriff der Sorge ist jedoch nicht allein das Wohl einzelner Menschen angesprochen, für die die Person Mitverantwortung übernimmt, sondern auch das Wohl der Welt. Damit tritt die »politische« Dimension in das Zentrum meiner Argumentation. Ein erster Aspekt der politischen Dimension von Mitverantwortung ist die *Gemeinwohlverantwortung*, also das Bedürfnis, an der politischen Welt (Demokratie) mitzuarbeiten, die politische Welt im Geiste der Demokratie mitzugestalten. Ein zweiter Aspekt ist die *Nachhaltigkeitsverantwortung*, also das Bedürfnis, an der Ressourcenerhaltung (Nachhaltigkeit) mitzuwirken und dadurch die Lebenschancen nachfolgender Generationen zu fördern. Was in der Öffentlichkeit mit Alter selten assoziiert wird, ist das – auch politisch motivierte – Engagement für die Demokratie (Gemeinwohlverantwortung) und für den verantwortlichen Umgang mit den natürlichen Ressourcen (Nachhaltigkeitsverantwortung). Es finden sich politisch und ethisch überzeugende internationale Beispiele für das gemeinwohl- und nachhaltigkeitsorientierte Engagement alter Menschen, das zudem die Beziehungen zwischen den Generationen zu befruchten vermag. Ein internationales Beispiel, das wir in unserer Forschung kennen- und schätzen gelernt haben, sei nachfolgend genannt.

Die Norwegische Großeltern-Klimakampagne (Norwegian Grandparents Climate Campaign) ist eine im Jahre 2009 ins Leben gerufene Initiative von älteren und alten Menschen, die sich national und international für eine deutlich stärkere Verbesserung von Klima und Klimagerechtigkeit einsetzt. Zu den zahlreichen Aktivitäten, die in dieser Kampagne von älteren und alten Menschen regelmäßig unternommen bzw. organisiert werden, zählen vor allem die Veröffentlichung von fachlich und politisch anspruchsvollen Artikeln in Zeitungen und Zeitschriften, Petitionen, Filme, Informationsveranstaltungen, Runde Tische und Demonstrationen. Die internationale Bedeutung und Beachtung der Kampagne zeigte sich im Jahr 2019 zum Beispiel in der Erstellung eines »Briefes« von Großeltern aus aller Welt, der anlässlich des Klimagipfels in Madrid verlesen wurde, sowie zahlreichen öffentlichen Briefen an

3 Verantwortung übernehmen, Solidarität zeigen

Ministerien; 2018 war die Kampagne gemeinsam mit dem WWF Herausgeber des Klimakompasses der WHO. Die Mitglieder verstehen sich ausdrücklich als »international engagierte und Sorge tragende Großeltern« und stellen damit die Interessen der Enkelgeneration in den Vordergrund ihres Engagements: »Die Kampagne ruft zu einer neuen moralischen Führung auf, die der Sicherheit unserer Enkelkinder und ihrem Recht auf einen nachhaltigen Planeten Vorrang einräumt. Ihre Interessen an die Spitze der nationalen und internationalen politischen Agenden zu stellen, dokumentiert die Solidarität zwischen den Generationen.« Und an anderer Stelle ist zu lesen: »Als alte Menschen erkennen wir unsere ehrwürdige Rolle als Verwalter des Erbes künftiger Generationen. Wir schulden unseren Enkeln nachhaltige Lebensbedingungen, saubere Luft und sauberes Wasser, fruchtbares und ökologisch unbelastetes Land sowie ein kontrolliertes globales Klima.« Meinem Verständnis nach bildet dieses Projekt ein eindrucksvolles Beispiel für Gemeinwohl- und Nachhaltigkeitsverantwortung, mithin für die Sorge um und für die Welt. Das Modell verdeutlicht einmal mehr gesellschaftliche, kulturelle und politische Potenziale des Alters und deren Nutzen für die Gesellschaft.

In dieser Kampagne sind allein in Norwegen mehr als 4.500 ältere und alte Menschen regelmäßig engagiert, die sich kontinuierlich (und nicht nur wenige Male) an nationalen und internationalen Aktivitäten beteiligen. Die Kampagne wird dabei nicht nur materiell, sondern insbesondere auch ideell von der norwegischen Regierung wie auch von Bezirks- und Kommunalparlamenten unterstützt. Die Verantwortlichen heben hervor, dass sie vor allem an der ideellen und nicht an der materiellen Unterstützung interessiert seien. Die Hervorhebung der ideellen – anstelle der materiellen – Unterstützung verdankt sich der grundlegenden Idee der Initiative: nämlich einen Beitrag für eine »gute Welt« zu leisten, in der die nachfolgenden Generationen (vor allem die heute junge Generation) in gleichem Maße ihre Kriterien eines guten Lebens verwirklichen können, wie es die ehemals junge und heute ältere Generation konnte und kann.

Diese Kampagne hat in Norwegen große Beachtung und Zustimmung gefunden; sie gilt dort als eine der besonders innovativen Initiativen, mit denen dieses Land auch international in den weltweit geführten Nachhaltigkeitsdiskurs eingreifen möchte. Warum ist diese Kampagne mit Blick auf die Mitverantwortung für nachfolgende Generationen innovativ?

1. Ältere bzw. alte Menschen stellen ihr Engagement primär in den Dienst der nachfolgenden Generationen. Sie streiten natürlich mit ihrem Engagement für Nachhaltigkeit auch für ihre eigenen Rechte, weil sie auch selbst von Nachhaltigkeit profitieren. Doch ist der Fokus ganz auf die nachfolgenden Generationen, vor allem die junge Generation gerichtet: Und dies gibt dem Projekt eine besondere Qualität: Die »Sorge« älterer und alter Menschen für und um andere Menschen – und zwar nachfolgender Generationen – wird hier besonders gut »gelebt« und »vorgelebt«.
2. Ältere bzw. alte Menschen zeigen ein hohes Maß an Kreativität: dies sowohl mit der Entwicklung und Umsetzung der grundlegenden Kampagnenidee als auch mit der Herstellung internationaler Beziehungen zu anderen (Senioren-)Organisationen. Schließlich zeigt sich diese Kreativität in der Erstellung von Dokumenten und Artikeln, die in der politischen und allgemeinen Öffentlichkeit große Aufmerksamkeit finden.
3. Diese Kampagne ist ein überzeugendes Beispiel für produktive und nachhaltige Veränderungen von Gesellschaft (sowie von Politik) durch Engagement im öffentlichen Raum.

Ich versuche nun, die bislang getroffenen Aussagen unter das Thema der *Generativität* einzuordnen. Zunächst sei noch einmal festgehalten: Alte Menschen zeigen in vielen Lebens- und Weltbereichen Mit-, Gemeinwohl- und Nachhaltigkeitsverantwortung (letztere könnte man auch mit »Schöpfungsverantwortung« umschreiben). Als wichtige psychologische und existenzielle Aufgabe auch des hohen Alters deute ich die »Generativität«, die ich als erlebte wie auch als praktizierte Mitverantwortung für die Lebenschancen der

3 Verantwortung übernehmen, Solidarität zeigen

nachfolgenden Generationen – der heute lebenden wie auch der heute noch nicht lebenden Generationen – verstehe. Das Lebenswissen wie auch das bereichsspezifische Wissen, der Überblick über einzelne Lebens- und Weltbereiche und die daraus (potenziell) erwachsende Souveränität im Urteilen, Planen und Handeln bilden wichtige psychologische Grundlagen für die praktizierte Solidarität. Das Engagement alter Menschen für alte Menschen (mithin für Angehörige der eigenen Generation) darf nicht in seinem persönlichen und gesellschaftlichen Wert vernachlässigt werden. Doch wird das schöpferische Potenzial des Alters vielleicht noch deutlicher sichtbar, wenn das Engagement den nachfolgenden Generationen gilt und Generationen miteinschließt, die heute noch gar nicht leben. Darin zeigt sich in besonderer Weise der amor mundi (»Liebe zur Welt«), ein von Hannah Arendt (1906-1975) gerne gebrauchter, treffender Begriff.[11] Und es kommt darin auch das Motiv zum Ausdruck, sich als *Glied einer Generationensequenz* zu verstehen, die schon bestand, bevor man auf die Welt gekommen ist, und die weiterhin bestehen wird, wenn man aus der Welt gegangen ist. Im Alter erlischt nicht das Interesse an der Welt, die Liebe zur Welt. Vielmehr ordnen viele alte Menschen ihr eigenes Leben in umfassendere Sinnkontexte ein. Dies tun natürlich auch junge Menschen. Aber im Alter scheint diese *Transzendenzleistung* einmal mehr an Gewicht zu gewinnen. Transzendenz meint dabei nicht notwendigerweise Spiritualität oder aber Religiosität; sie kann sich in Spiritualität oder Religiosität ausdrücken, sie muss es aber nicht. Vielfach meint Transzendenz das Aufgehen der Person in einer Generationenfolge – und in dieser übernimmt sie nun Verantwortung: Mitverantwortung, Gemeinwohl- und Nachhaltigkeitsverantwortung.

Um hier nicht falsch verstanden zu werden: Das Engagement für mehr Nachhaltigkeit, für das Klima, für die Zukunft des Plane-

---

11 Arendt, H. (1958). The Human Condition. Chicago: University of Chicago Press [deutsch: (1960). Vita activa oder Vom tätigen Leben. Stuttgart: Kohlhammer].

ten ist keinesfalls allein ein Thema des hohen Alters; und alte Menschen wären auch die letzten, die dies für sich beanspruchten. Aber es ist eben *auch* ein bedeutsames Thema vieler alter Menschen. Die psychologische oder existenzielle Rahmung dieses Themas ist dabei in Teilen eine etwas andere als bei jungen Menschen: Es geht nun weniger darum, die eigene Zukunft auf dieser Erde zu sichern (ein Thema, das junge Menschen keinesfalls ausblenden können, haben sie doch aller Voraussicht nach eine Zukunft auf dieser Erde), sondern es geht vielmehr darum, die Zukunft nachfolgender Generationen auf dieser Erde zu sichern: Der Blick ist also über die Endlichkeit der eigenen Person hinaus gerichtet.

Weiterhin ist von Bedeutung, dass im hohen Alter die Gemeinwohlverantwortung vielfach eine große Rolle spielt bzw. spielen kann. Alte Menschen engagieren sich (nicht selten gemeinsam mit jungen) für das Gemeinwohl, und dies heißt auch: für die *Demokratie*. Sie wollen dabei für die Verantwortung sensibilisieren, die wir alle für eine lebendige Demokratie haben. Bisweilen können sie uns hier sogar als Vorbild dienen. Ich fühle mich noch einmal an die vielen Interviews erinnert, die wir in den 1990er Jahren zu den Spätfolgen der Verfolgung im Holocaust geführt haben (die Studie hatte ich ja bereits erwähnt). Viele der Interviewpartnerinnen und -partner betonten, wie wichtig es gerade im Alter sei, junge Menschen für das hohe Gut der Demokratie zu sensibilisieren; wie wichtig es sei, auch in dieser Hinsicht Mitverantwortung (für einzelne Jugendliche) und Gemeinwohlverantwortung (für die gesamte Gesellschaft) zu übernehmen.

4

Verletzlichkeit bewältigen und verarbeiten

Alles Leben ist verletzlich, verwundbar. Dies gilt auch für das menschliche Leben. Verletzlichkeit wird aus diesem Grunde auch als ein nicht zu leugnender Teil, weil ein Wesenszug menschlichen Lebens bezeichnet; man spricht hier von einem Merkmal der »Conditio humana« (Bedingung des Menschseins). Die Verletzlichkeit spüren wir zunächst, wenn wir auf Naturgewalten treffen, die uns zeigen, dass wir trotz Behausung, trotz technischer Errungenschaften rasch »schutzlos« sein, ja, sogar in eine lebensbedrohliche Situation geraten können: Man denke hier nur an die Flutkatastrophen, von denen Menschen in allen Teilen der Welt immer häufiger heimgesucht werden. Weiterhin spüren wir unsere Verletzlichkeit im Falle einer akuten, symptomreichen und schmerzhaften Erkrankung: Schon diese kann unser Lebensgefühl erheblich beeinträchtigen und sogar unsere Lebenseinstellung erschüttern. Denn nahmen wir uns vorher als robust und unverwüstlich wahr (was nicht wenigen Menschen als bedeutender Aspekt ihres Selbstbildes erscheint), sehen wir uns nun in eine Situation gestellt, in der wir nicht nur einzelne Symptome verspüren, sondern uns abgeschlagen und matt, wenn nicht sogar hilflos fühlen: Von der Robustheit oder der Unverwüstlichkeit ist dann nicht mehr viel zu spüren. Die Erfahrung der Verletzlichkeit nimmt bei chronischen, also lange (wenn nicht sogar immer) andauernden Erkrankungen noch einmal zu, was vor allem dann gilt, wenn diese Erkrankungen mit erheblichen Einschränkungen im Alltagsleben verbunden sind. Dann wird aus einer eher vorübergehenden Verletzlichkeitserfahrung, wie diese für das akute Krankheitsgeschehen charakteristisch ist, eine bleibende, andauernde; dann wird die Verletzlichkeit auch *im Erleben* des Menschen zu einem wichtigen Merkmal der »Conditio humana«. Aktuell können wir diese Verletzlichkeitserfahrungen vor allem bei jenen Menschen, die an Long Covid- und Post Covid-Symptomen leiden, beobachten. Verletzlichkeit meint, folgen wir ihren Aussagen, ja nicht nur das Verspüren von Symptomen, sondern vielfach auch einen körperlichen und psychischen Antriebsverlust, der in das Erleben ungemein eingeengter und einengender Lebenskreise mündet. Gerade die Fatigue, die nicht nur die Long Covid-, sondern häufig auch die Post Covid-Symptomatik bestimmt – sie zeichnet sich vor allem durch eine tiefe, allgemeine Müdigkeit aus, die Menschen daran hindert, in irgendeiner Form initiativ zu werden oder inneren Impulsen zu folgen –, wird von vielen Menschen als Ausdruck von Verletzlichkeit gedeutet. Und es seien schließlich psychische Erkrankungen, vor allem schwere Depressionen und Angstzustände, genannt, die uns die eigene Verletzlichkeit deutlich vor Augen führen.

Wie aber ist Verletzlichkeit im hohen Alter zu verstehen, durch welche Merkmale zeichnet sich diese aus?

4 Verletzlichkeit bewältigen und verarbeiten

Vor dem Hintergrund der mittlerweile umfangreichen empirischen Literatur zum hohen Alter ist davon auszugehen, dass sich im Verlauf des neunten Lebensjahrzehnts der Übergang vom höheren (»dritten«) zum hohen (»vierten«) Alter allmählich, fließend, kontinuierlich vollzieht. Dabei ist das neunte Lebensjahrzehnt nicht als ein Jahrzehnt zu begreifen, in dem körperliche und psychische Erkrankungen notwendigerweise plötzlich, abrupt über das Individuum hereinbrechen. Vielmehr ist im neunten Lebensjahrzehnt eine graduell zunehmende Anfälligkeit des Menschen für neue Erkrankungen und funktionelle Einbußen ebenso erkennbar wie die graduelle Zunahme in der Schwere bereits bestehender Erkrankungen und bereits bestehender funktioneller Einbußen. Damit ist ein wichtiges Merkmal des hohen Alters beschrieben, das auch im Erleben der Menschen dominiert. Die allmählich spürbare Zunahme an Krankheitssymptomen, die allmählich spürbaren Einbußen in der körperlichen, zum Teil auch in der geistigen Leistungsfähigkeit und schließlich die allmählich spürbaren Einschränkungen in den alltagsbezogenen Fertigkeiten werden vom Individuum im Sinne der erhöhten Verletzlichkeit erlebt und gedeutet. Verletzlichkeit heißt dabei nicht Gebrechlichkeit; letztere ist vielmehr Folge ersterer. Verletzlichkeit lässt sich auch nicht mit den medizinischen Begriffen Multimorbidität und Polysymptomatik angemessen umschreiben. Vielmehr meint Verletzlichkeit eine erhöhte Anfälligkeit und Verwundbarkeit, mithin das deutlichere Hervortreten von Schwächen, meint verringerte Potenziale zur Abwehr, Kompensation und Überwindung dieser körperlichen und geistigen Schwächen. Die objektiv messbare wie auch die subjektiv erlebte Verletzlichkeit tritt zu interindividuell unterschiedlichen Zeitpunkten im neunten Lebensjahrzehnt auf; sie kann sich bei dem einen sogar noch später (also erst im zehnten Lebensjahrzehnt), bei dem anderen noch früher (also schon im achten Lebensjahrzehnt) einstellen. Entscheidend ist, dass im Verlauf des neunten Lebensjahrzehnts bei der Mehrzahl alter Menschen eine derartige erhöhte Verletzlichkeit objektiv nachweisbar ist und subjektiv auch als eine solche empfunden wird.

4 Verletzlichkeit bewältigen und verarbeiten

Es gibt nun eine Deutung des Umgangs mit Verletzlichkeit, die in der Verarbeitung und Bewältigung auch eine *humane Leistung* erkennt: Eine Erkrankung auszuhalten, auch in symptomreichen Phasen der Erkrankung offen für die Anregungen unserer natürlichen, kulturellen und sozialen Umwelt zu sein, sich an Natur, Kultur und Begegnungen zu erfreuen, schließlich immer wieder zur bejahenden Lebenseinstellung zu finden[12]: Dies sind Beispiele für die humane Leistung in der Verarbeitung und Bewältigung der Erkrankung. Für viele Menschen bilden auch Meditation und Kontemplation, bilden gerade künstlerische Erlebnisse einen bedeutenden Weg zur gelingenden Verarbeitung der Erkrankung. Andere können in tiefreichenden Naturerlebnissen und Begegnungen mit anderen Menschen, zudem im Austausch mit liebgewonnenen Tieren eine bedeutende innere Hilfe finden – und dabei übrigens von einem unterstützten und getrösteten zu einem unterstützenden und tröstenden Menschen werden.

Fragen wir nun: Inwieweit kann es – um mit dem Buchtitel zu sprechen – Menschen angesichts deutlich erhöhter Verletzlichkeit gelingen, das eigene Leben in wachsenden Ringen zu leben (oder es als solches zu erleben) und sogar den letzten Ring zu vollbringen? Es sind fünf psychologische Aspekte, die hier genannt und entfaltet werden sollen.

Erster Aspekt: Zu nennen ist zunächst der emotionale, geistige, handlungs- und verhaltensbezogene *Prozess* der inneren Verarbeitung und äußeren Bewältigung. In einem solchen Prozess können Wachstum und Reifung stattfinden, die Menschen nach und nach in die Lage versetzen, mit einer Belastung – die zunächst als nicht hinnehmbar, nicht aushaltbar erschien – zu leben und dieses Le-

---

12 Ein Überblick über theoretische und empirische Literatur zu diesem Aspekt von persönlicher Entwicklung in gesundheitlichen Grenzsituationen findet sich in Kruse, A. (2021). Vom Leben und Sterben im Alter. Wie wir das Lebensende gestalten können (siehe Kapitel 3). Stuttgart: Kohlhammer. – Kruse, A. (2017). Lebensphase hohes Alter: Verletzlichkeit und Reife (siehe Kapitel 5). Heidelberg: Springer.

ben schöpferisch zu gestalten. Ich möchte nachfolgend in Kürze vier Modelle der inneren Verarbeitung und äußeren Bewältigung anführen, in denen der Prozesscharakter sowie *mögliche* Wachstums- und Reifungsprozesse hervorgehoben werden.

Das erste Modell: Es handelt sich hier um jenes der »Salutogenese« (übersetzt: Entstehung von Gesundheit) und des »Kohärenzgefühls« (übersetzt: subjektiv erlebter Zusammenhang – wobei hier der Zusammenhang zwischen der Person und *ihrer* Welt gemeint ist). Dieses Modell geht auf den israelischen Medizinsoziologen Aaron Antonovsky (1923–1994) zurück.[13] Wie die pathogenetische Sicht Ursachen für die Entstehung einer Krankheit aufzeigt, so ist für die salutogenetische Sicht das Aufzeigen von Ursachen für die Entstehung und Erhaltung von Gesundheit konstitutiv. Dabei geht Antonovsky von der Annahme aus, dass Gesundheit als geschaffene oder wiederhergestellte Ordnung innerhalb des Organismus zu deuten ist; diese Ordnung ist also ein *aktiv* herbeigeführter Zustand, der seinerseits das Ergebnis des erfolgreichen Zusammenwirkens psychischer, sozialer und somatischer Bedingungen bildet. Eben das erfolgreiche Zusammenwirken als aktiver Verarbeitungs- und Bewältigungsprozess ist für dieses Modell von entscheidender Bedeutung. Denn das Zusammenwirken mündet in ein Kohärenzgefühl, welches oben bereits als subjektiv erlebter Zusammenhang des Individuums mit seiner Welt umschrieben wurde. Aaron Antonovsky versteht das Kohärenzgefühl als grundlegende Orientierung der Person, in der sich ein basales Vertrauen in die Welt wie auch in die eigenen Kräfte widerspiegelt. Dieses Vertrauen drückt sich in dreifacher Hinsicht aus: (a) Die inneren, aus dem Organismus hervorgehenden, wie auch die äußeren, aus der umgebenden Welt einwirkenden Reize werden von der Person als strukturiert, vorhersehbar und erklärbar gedeutet. (b) Es besteht auf Seiten der Person die Überzeugung, den Anforderungen, die von den inneren

---

13 Einen Überblick über Theorie, Forschungsbefunde und Interventionsansätze gibt Antonovsky, A. (1987). Unraveling the Mystery of Health. How People Manage Stress and Stay Well. San Francisco, CA: Jossey-Bass.

und äußeren Reizen ausgehen, kompetent begegnen, diese bewältigen zu können. (c) Zudem ist die Person davon überzeugt, dass die Anforderungen persönlich so bedeutsam sind, dass deren Bewältigung Anstrengung und Engagement rechtfertigt.

Der subjektiv empfundene Zusammenhang der Person mit ihrer Welt spiegelt sich Aaron Antonovsky zufolge in drei Faktoren wider: Verstehbarkeit, Handhabbarkeit und Bedeutsamkeit. Diese bilden zusammen das Kohärenzgefühl. Mit »Verstehbarkeit« wird ausgedrückt, dass Lebensereignisse und individuelle Entwicklungsprozesse sinnvoll geordnet sind und verstanden werden. »Handhabbarkeit« beschreibt die individuelle Überzeugung, Ereignisse, die sich dieser Ordnung einfügen lassen, bewältigen zu können (selbstverständlich sind hier auch Krisen, Konflikte und Belastungen gemeint); die Person vertraut ihren Kräften (»Ressourcen«). Mit »Bedeutsamkeit« wird ausgedrückt, dass das Individuum Lebensereignisse – wie auch bestimmte Lebensbereiche und biografische Entwicklungen – als wichtig und sinnvoll erkennt und erlebt. Stressoren werden somit auch nicht allein in ihren potenziell negativen Einflüssen verstanden. Je nachdem, wie Menschen Stressoren erleben und auf diese antworten, können diese durchaus auch positive, weil *entwicklungsförderliche* Einflüsse haben.

Warum habe ich dieses Modell als erstes der zu nennenden Modelle gewählt? In diesem werden die mit dem Zitat von Rainer Maria Rilke umschriebenen Wachstums- und Reifungsprozesse besonders hervorgehoben. Es geht hier nicht allein um die Verarbeitung und Bewältigung spezifischer Lebensereignisse, sondern – grundlegender – um die subjektiv erlebte Beziehung zwischen der Person und *ihrer* Welt: Ist die Beziehung so geartet, dass die Person *grundsätzlich* dem »Zusammenhang« zwischen dem eigenen Selbst und ihrer Welt vertraut, dass sie also quasi ein inneres (seelisches, geistiges, vielleicht auch spirituelles) Band zwischen Selbst und Welt erlebt und erkennt? Wenn dies der Fall ist, dann kann nicht nur Gesundheit entstehen und sich kontinuierlich erneuern, sondern dann wird damit auch eine Grundlage für die künftige Verarbeitung und Bewältigung von Ereignissen (bis hin zu Krisen, Konflikten und Belastungen, wenn nicht sogar Grenzsituationen) geschaffen. Man muss hier im Auge behalten, dass das Kohärenzgefühl eher eine *globale*, in der Biografie nach und nach ausgebildete Orientierung darstellt, die sich grundlegend auf die Bereitschaft und Fähigkeit der Person zur aktiven Auseinandersetzung mit ihrer Welt auswirkt. Auf das von Rainer Maria Rilke verwendete Bild der »wachsenden Ringe« bezogen, heißt dies: Wir müssen zu einem basalen Vertrauen in unsere Welt, in unsere seelischen und geistigen Kräfte, schließlich in das Zusammenwirken von Person und Welt gefunden haben, um unser Leben im Sinne von »wachsenden Ringen« gestalten zu können.

Das zweite Modell: Dieses betont die Wechselwirkung zwischen objektiven Gegebenheiten und subjektiver Perspektive (»Wie deutet die Person die gegebene Situation?«) im Prozess der *Stressbewältigung*. In diesem – auf den Psychologen Richard Lazarus (1922–2002) zurückgehenden – Modell der Stressbewältigung wird hervorgehoben, dass eine objektiv gegebene Situation *subjektiv* in dreifacher Hinsicht gedeutet wird.[14] Erstens: Sind in der gegebenen Situation zentrale Anliegen der Person berührt? Erlebt die Person das Ereignis als positiv, irrelevant oder potenziell bedrohlich; ist bereits eine Schädigung eingetreten, die bewältigt werden muss? Bieten sich im Erleben der Person unter Umständen auch Chancen, die ergriffen werden können? Zweitens: Ordnet sich die Person die für die Bewältigung der gegebenen Situation notwendigen Eigenschaften und Kompetenzen zu oder nicht? Drittens: Auf der Grundlage der nun in Gang gesetzten Bewältigung und ihres subjektiv eingeschätzten Erfolgs oder Misserfolgs wird eine Neubewertung der Situation vorgenommen. Was ihr vorher als Belastung erschien, ist nun aus Sicht der Person möglicherweise nur noch Herausforderung, oder aber die Belastung kann angesichts eines

---

14 Zu den Grundlagen der Theorie siehe: Lazarus, R. S. (1966). Psychological Stress and the Coping Process. New York: McGraw-Hill. – Zur Weiterentwicklung der Theorie siehe: Lazarus, R.S., & Folkman, S. (1984). Stress, appraisal, and coping. New York, NY: Springer.

nicht erfolgreichen Bewältigungsversuchs einmal mehr als Gefahr gedeutet werden. Dabei wird in diesem klassischen Modell der Stressbewältigung zwischen drei Formen der Bewältigung (»Coping«) unterschieden. Erstens der problemorientierten Bewältigung: das gegebene Problem soll überwunden werden; zweitens der emotionsorientierten Bewältigung: die emotionale Reaktion soll reflektiert und kontrolliert, die emotionale Erregung soll abgebaut werden; drittens der bewertungsorientierten Bewältigung: die Situation soll neu bewertet werden.

Das dritte Modell: Hier werden vor allem *Veränderungen des Anspruchsniveaus* im Falle chronischer Belastungen und endgültiger Verluste hervorgehoben. Was heißt dies: Veränderungen des Anspruchsniveaus? Wir alle bilden in unserer Biografie – beeinflusst von Bezugspersonen und im weiteren Sinne von Gesellschaft und Kultur – Gütemaßstäbe aus, an denen wir unser Leben messen: Welche Bedingungen müssen für uns erfüllt sein, damit wir selbst von einem »guten Leben« sprechen? Mit anderen Worten: Wir entwickeln vor dem Hintergrund der Erlebnisse, Erfahrungen und Erkenntnisse in einzelnen Lebensphasen ein bestimmtes Anspruchsniveau mit Blick auf gegebene Lebensbedingungen wie auch mit Blick auf unsere körperliche, geistige, seelische Leistungsfähigkeit; in dem Maße, in dem die Lebensbedingungen und die Leistungsfähigkeit diesem Anspruchsniveau entsprechen, bildet sich das Gefühl der Lebenszufriedenheit (im Sinne subjektiver Lebensqualität) aus. Belastende Situationen, so wird in diesem Modell betont, liegen dann vor, wenn – wie es der Psychologe Jochen Brandtstädter[15] umschreibt – die Lebens- und Handlungsroutinen ihre vertrauten, ihre gewohnten Wirkungen und Bedeutungen eingebüßt haben. Dann steht die Person vor der Aufgabe, sich neue Sinnquellen zu erschließen; und dies bedeutet: sie muss flexibel in ihrem Anspruchsniveau, ihren Gütemaßstäben, ihren Kriterien für ein gutes Leben sein. Hier nun macht der Begriff des »flexiblen« oder

---

15 Brandtstädter, J. (2007). Das flexible Selbst. Selbstentwicklung zwischen Zielbindung und Ablösung. Heidelberg: Elsevier/Spektrum.

»anpassungsfähigen Selbst«, von dem Jochen Brandtstädter spricht, unmittelbar Sinn. In dem Maße, in dem sich unser Selbst als flexibel oder anpassungsfähig erweist, können wir uns an neue Situationen anpassen und zudem potenzielle negative Einflüsse dieser Situationen abwehren. Dabei lassen sich auch »schützende« Merkmale nennen, durch die diese Flexibilität oder Anpassungsfähigkeit gefördert wird, so vor allem ein positives Selbstbild, emotionale Stabilität, Problemlösefähigkeiten, Humor, erfüllende Beziehungen zu anderen Menschen. Eine in diesem Modell – und gerade mit Blick auf das hohe Alter – umschriebene Grundlage des flexiblen Umgangs mit Belastungen bildet die Entwicklung einer Einstellung und Haltung, *die über die eigene physische Existenz hinausweist*, mithin die eigene Existenz »transzendiert«. Diese Transzendenzleistung zeigt sich in der Weitergabe von Wissen und Erfahrungen, aber auch von materiellem Besitz mit dem Ziel, die Entwicklung nachfolgender Generationen (vor allem junger Menschen) zu fördern. Sie zeigt sich zudem in der Einordnung der eigenen Biografie in umfassendere Sinn- oder kosmische Bezüge. Hier fühle ich mich übrigens an einen aus dem Jahre 1555 stammenden Vers erinnert: »Mein Zeit ist nun vollendet, / der Tod das Leben endet, / Sterben ist mein Gewinn, / kein Bleiben ist auf Erden. / Das Ewge muss mir werden, / mit Fried und Freud fahr ich dahin.« Mit »kein Bleiben ist auf Erden« wird die letzte Grenze der physischen Existenz umschrieben; mit dem »Ewgen«, das »mir werden muss«, die Transzendenzleistung, die sich übrigens nicht plötzlich einstellt, sondern die sich *nach und nach* ausbildet (»entwickelt«).

Das vierte Modell: Hier möchte ich zunächst an den Vers von Rainer Maria Rilke erinnern: »Ich werde den letzten vielleicht nicht vollbringen, aber versuchen will ich ihn.« Warum dieses Zitat an dieser Stelle? Das vierte Modell, das hier kurz geschildert werden soll, hat nicht belastende Ereignisse zum Gegenstand, die jede oder jeden im Alltag treffen können. Vielmehr stehen hier *hochbelastende Ereignisse* oder aber *psychische Traumata* im Zentrum des Interesses. Man denke an den (vor allem: plötzlichen) Verlust eines nächststehenden Menschen oder an die Übermittlung einer sehr ernsten medizinischen Diagnose, schließlich an den Verlust von Hab und Gut aufgrund der Folgen eines Unwetters. Hier kann nicht mehr nur von einer reflektierten Auseinandersetzung der Person sowohl mit den eigenen Ressourcen als auch mit Merkmalen der gegebenen Lebenssituation gesprochen werden; vielmehr sind noch oder primär andere psychologische Aspekte in den Blick zu nehmen. Ein wichtiger Aspekt ist der Schock, ein weiterer die vorsichtige, schrittweise Annäherung an die gegebene Situation, ein dritter schließlich die sich nach und nach vollziehende Annahme der Bedrohung oder des Verlusts. Dabei darf aber nicht übersehen werden, dass auch in der inneren Auseinandersetzung mit einem hochbelastenden Ereignis oder einem Trauma ein Wachstums- oder Reife*potenzial* liegen kann (allerdings: nicht muss), sodass es einmal mehr gerechtfertigt ist, hier das Sprachbild des letzten Ringes, den ich versuchen will, zu verwenden. Es wäre ein Fehler, würde man in Gesprächen mit einer von einem hochbelastenden Ereignis oder Trauma betroffenen Person die Wachstums- und Reifungsperspektive ganz ausblenden, auch wenn diese natürlich erst in einem fortgeschrittenen Stadium der Verarbeitung und Bewältigung thematisiert werden darf. Der Psychiater Mardi Horowitz, auf den eines der bekanntesten Prozessmodelle von Entwicklung nach einem hochbelastenden Ereignis oder Trauma zurückgeht[16], hat ausdrücklich vom potenziellen seelischen Wachstum als Ergebnis des Verarbeitungsprozesses gesprochen. Bleiben wir bei diesem Prozessmodell, das sich wie folgt charakterisieren lässt: Nach einer Schockphase, die durch emotionale oder affektive Ausbrüche – vor allem in Form von Angst, Trauer, Wut – gekennzeichnet ist, tritt ein Wechsel von Phasen der Leugnung und Unauf-

---

16 Horowitz, M. J. (1993). Stress-response syndromes: A review of posttraumatic stress and adjustment disorders. In J. P. Wilson & B. Raphael (Eds.), The Plenum series on stress and coping. International handbook of traumatic stress syndromes (pp. 49–60). Plenum Press. – Horowitz, M. (2018). Redefining Identity after Trauma or Loss. Psychodynamic Psychiatry, 46(1), 135–144.

merksamkeit mit Phasen der Aufmerksamkeitszuwendung ein. Die Aufmerksamkeitszuwendung ist vielfach eine »aufgezwungene«, da Gedanken unkontrolliert in das Bewusstsein eindringen (»Intrusion«), sich die Person ihrer also gar nicht oder nur unter größten Mühen erwehren kann. Dabei erscheinen Phasen der Leugnung oder der Weigerung, sich dem traumatisierenden Geschehen zuzuwenden, zunächst als angemessene, nämlich im Dienste des Ichs stehende Reaktion: Wird doch die Person vor emotionaler Überwältigung geschützt. Und auch die Intrusion kann in Teilen als angemessene Reaktion erscheinen: Durch diese wird verhindert, dass sich die Person allzu weit von der Realität entfernt und so ihre Funktionstüchtigkeit verliert. Das Abwechseln (»Oszillieren«) von Leugnung und Aufmerksamkeitszuwendung bildet sich mit fortschreitendem Verarbeitungsprozess zurück. Der Person sollte es in Phasen des Durcharbeitens gelingen, das hochbelastende oder traumatische Geschehen zu akzeptieren und in ihre Selbst- und Weltsicht zu integrieren. Diese Akzeptanz, diese Integration beschreibt dabei durchaus Prozesse möglichen Wachstums, möglicher Reife. – Es sind in der psychiatrischen und psychologischen Literatur weitere Modelle entwickelt worden, die ebenfalls hervorheben, wie wichtig es für das psychische Gleichgewicht ist, dass die Person zunächst an positiv getönten Illusionen festhält und erst allmählich in eine Realität eintritt, die sie tolerieren kann; zudem wird hervorgehoben, dass der Versuch, dem hochbelastenden Ereignis oder Trauma eine tiefere Bedeutung, einen tieferen Sinn zu verleihen, auch als ein notwendiger Schritt im Verarbeitungsprozess zu verstehen ist.

Der zweite Aspekt: Es handelt sich bei diesem um die *Offenheit* der Person für neue Erlebnisse, Erfahrungen und Erkenntnisse, wobei hier seelisch-geistige Entwicklungsprozesse in der Biografie entscheidenden Einfluss besitzen. Ich hatte schon bei der kurzen Charakterisierung des dritten Modells der Verarbeitung und Bewältigung seelischer Belastungen hervorgehoben, als wie wichtig das Erschließen neuer Sinnquellen für die Auseinandersetzung gerade mit chronischen Belastungen oder endgültigen Verlusten erachtet wird. Dabei ist auch die Offenheit für solche Qualitäten der Person und Persönlichkeit wichtig, die sich erst in der Auseinandersetzung mit hochbelastenden oder traumatischen Ereignissen offenbaren. Die in Forschungsarbeiten zur Widerstandsfähigkeit des Menschen in belastenden Situationen gewonnenen Befunde deuten darauf hin, dass Belastungen durchaus einen wachstums- oder reifeförderlichen Charakter besitzen können. Diesen Charakter können sie aber nur dann annehmen, wenn die Person in solchen Situationen offen für die eigenen seelisch-geistigen Qualitäten (Stärken, Kräfte) ist.

Der dritte Aspekt: Hier geht es um die im Lebenslauf entwickelte *seelische Widerstandsfähigkeit,* die die Person in die Lage versetzt, Belastungen auszuhalten, in diesen nicht zu resignieren oder sogar zusammenzubrechen. Mit diesem Aspekt wird deutlich, wie wichtig Erlebnisse und Erfahrungen, die in der Biografie gewonnen wurden, sowie Verarbeitungs- und Bewältigungstechniken, die in der Biografie entwickelt wurden, für die Verarbeitung und Bewältigung aktuell gegebener Belastungen sind. Der Rückblick auf diese Erlebnisse, Erfahrungen und Techniken, verbunden mit dem Vertrauen sowohl in die eigenen Kräfte als auch in die umgebende Welt (An- und Zugehörige, Institutionen, Politik, Schöpfung), bildet ein bedeutendes emotionales und geistiges Fundament für die seelische Widerstandsfähigkeit, die auch mit dem Begriff der Resilienz umschrieben wird. Mir erscheint hier noch ein weiterer Aspekt wichtig: Die seelische Widerstandsfähigkeit wird auch dadurch gefördert, dass die Person *vor* dem Eintreten hochbelastender oder traumatischer Erlebnisse positive Erfahrungen in ihrer Welt machen konnte, die dazu beigetragen haben, dass sich in ihr ein – wie ich es nennen möchte – *positiver emotionaler Lebensfond* ausbilden konnte, auf den sie in einer hochbelastenden oder traumatischen Situation zurückgreifen kann. In der bereits angeführten Studie zu den Spätfolgen des Holocaust konnten wir viele Beispiele für den Einfluss eines solchen emotionalen Fonds auf die Verarbeitung und Bewältigung traumatischer Erlebnisse und Erfahrungen finden.

Der vierte Aspekt: Hier ist die *wahrhaftige, erfüllende Kommunikation* mit nahestehenden Menschen zu nennen, in der seelische

Kräfte gefunden und neue Lebensperspektiven entwickelt werden. Es ist daher nicht überraschend, dass – vielen Forschungsbefunden zufolge – die Erfahrung, von anderen Menschen gebraucht und geschätzt zu werden, für die Erhaltung oder Wiederherstellung einer positiven, tragfähigen Lebensperspektive auch in belastenden Situationen sehr bedeutsam ist. Hinzu tritt die Erfahrung, eine Aufgabe im Leben zu haben, das eigene Leben in den Dienst von anderen Menschen oder von Gemeinschaft und Gesellschaft stellen zu können. Es sei angemerkt, dass der Psychiater und Philosoph Karl Jaspers (1883–1969) in seinen Aussagen zu den Grenzsituationen hervorgehoben hat, dass die Person nur dann in der Lage ist, in solchen Situationen zutiefst krisenhafte Momente zu überwinden und zu den Wurzeln ihrer Existenz zu finden, wenn sie in einer wahrhaftigen und erfüllenden Kommunikation mit anderen Menschen steht. Dabei müssen die anderen Menschen fähig und bereit sein, sich von der Person und ihrem »Kampf« um das Bestehen in der Grenzsituation berühren zu lassen – was dann am besten gelingt, wenn sie die Person als eine wahrnehmen und ansprechen, die durch diesen Kampf auch *ihr* Leben bereichern kann.[17]

Der fünfte Aspekt: Es sei das *innere Wachstum* in Phasen hoher psychischer Belastung genannt. Über dieses Wachstum als ein Potenzial (also eine Entwicklungsmöglichkeit) in belastenden Situationen wurde ja schon an mehreren Stellen des Kapitels gesprochen. Hier lässt sich nun ein Modell psychischen Wohlbefindens anführen, in dem die Wachstums- oder Reifeperspektive zentrale Bedeutung annimmt. In dem von der Psychologin Caroll Ryff entwickelten und empirisch vielfach geprüften Modell werden sechs psychologische Merkmale genannt, denen positiver Einfluss auf das psychische Wohlbefinden beizumessen ist.[18] Dabei hebt Caroll

---

17 Jaspers, K. (1932/1973). Grenzsituationen. In Philosophie, Band 2: Existenzerhellung (S. 210–219). Berlin: Springer.
18 Ryff C. D., & Singer B. (2003). Flourishing under fire: Resilience as a prototype of challenged thriving. In C. L. M. Keyes (Ed.), Flourishing: Positive Psychology and the Life Well-Lived (S. 15–36). Washington: APA Books.

Ryff hervor, dass psychisches Wohlbefinden *nicht* als Folge eines belastungs- oder krisenfreien Lebens zu verstehen ist, sondern vielmehr als Ergebnis eines Lebens, in dem die Person immer wieder Widrigkeiten ausgesetzt war, die sie aber durch emotional und geistig »kluges« Handeln zu verarbeiten und zu bewältigen vermochte. Die nachfolgend genannten psychologischen Merkmale bilden einerseits Bedingung, andererseits Folge dieses klugen Handelns:

- Selbstakzeptanz;
- Persönliches Wachstum (im Sinne einer von der Person als kontinuierlich erlebten, positiven Entwicklung);
- Lebensziele und Lebenssinn (im Sinne eines Gerichtet-Seins auf Ziel- und Wertverwirklichung);
- Positive Beziehungen zu anderen Menschen;
- Gekonnter Umgang mit Aufgaben und Chancen, die die Umwelt und die Lebenssituation stellen bzw. bieten;
- Autonomie (im Sinne von innerer Unabhängigkeit im Urteilen, Entscheiden und Handeln).

»Verletzlichkeit bewältigen und verarbeiten«, so lautet der Titel dieses Kapitels. Abschließend stelle ich die Frage, in welcher Beziehung die hier getroffenen Aussagen zum Titel des Buches: »Ich lebe mein Leben in wachsenden Ringen« stehen. Meine Antwort lautet: Verletzlichkeit ist, wie hervorgehoben, ein Merkmal der Conditio humana, das im hohen Alter noch deutlicher als in den vorangehenden Lebensphasen hervortritt und das Leben des Menschen in hohem Maße mitbestimmt. Die Annahme der eigenen Verletzlichkeit ist als einer der Ringe zu verstehen, von denen Rainer Maria Rilke spricht: vielleicht sogar als der »letzte Ring«, wenn ich davon ausgehe, dass Verletzlichkeit in ausgeprägter Form an Vergänglichkeit und Endlichkeit erinnert. »Ich lebe«: Im hier bestehenden Zusammenhang (»in wachsenden Ringen«) ist mit »leben« nicht nur die Lebensgestaltung gemeint, sondern auch die Verarbeitung und Bewältigung von Krisen, Konflikten, Belastungen. Dies gilt vor allem für die stärker ausgeprägte Verletzlichkeit: Diese können wir nicht »problemlos« in unser konkret gelebtes Leben integrieren, sondern wir müssen vielmehr eine psychologische Leistung – nämlich innere Verarbeitung und äußere Bewältigung – vollbringen, um diesen Aspekt der Conditio humana bewusst annehmen und *auch* auf dessen Grundlage zu einer tragfähigen Lebensperspektive finden zu können. Wenn wir also im Zusammenhang mit Verletzlichkeit von »leben« sprechen, dann müssen wir immer den psychologischen Prozess der Verarbeitung und Bewältigung im Auge haben. Dessen Analyse hilft uns, das »ich lebe« noch besser zu verstehen. Wir sollten bei der im hohen Alter noch deutlicher hervortretenden Verletzlichkeit auch im Auge haben, dass diese nicht nur an unseren Körper, sondern auch – und vor allem – an unsere Psyche (Seele-Geist) hohe Anforderungen stellt; dies zeigen uns Interviews mit alten Menschen nur zu deutlich. Es gibt kaum einen alten Menschen, der nicht hervorheben würde, wie sehr die Verletzlichkeitserlebnisse seelische Belastungen hervorrufen und sogar phasenweise Niedergeschlagenheit oder Resignation bedingen. Es wird in den Interviews zugleich hervorgehoben, dass eine psychologische Leistung des hohen Alters vor allem darin zu erblicken sei, diese Verletzlichkeitserlebnisse zu verarbeiten, zu bewältigen, das heißt letztlich: trotzdem »Ja!« zum Leben zu sagen. In dem Maße, in dem die Verarbeitung und Bewältigung der Verletzlichkeit gelingen, ist auch die Grundlage für eine neue Lebensperspektive geschaffen, die es ermöglicht, Situationen auszukosten, Sinn und Stimmigkeit zu erfahren. Es ist in der Tat eine – zum Teil höchst anspruchsvolle – psychologische Leistung, die erbracht werden *muss*, aber die auch von vielen alten Menschen erbracht werden *kann*. Würde man an derartigen Herausforderungen im hohen Alter vorbeigehen: man müsste sich als »naiv« zeihen lassen. Würde man aber nicht die psychologischen Leistungen würdigen, die viele alte Menschen im Prozess der Verarbeitung und Bewältigung von Verletzlichkeit erbringen, so sähe man sich – in meinen Augen zu Recht – dem Vorwurf ausgesetzt, das hohe Alter zu »profanieren«. Denn man ginge an einer bedeutenden Qualität dieser Lebensphase vorbei.

5

Lebensbindungen erkennen, »Ja« zum Leben sagen

Die wachsenden Ringe, von denen Rainer Maria Rilke spricht und die als Leitmotiv des Buches gewählt wurden, können auch als Lebensbindungen gedeutet werden, wobei sich diese Bindungen sowohl auf die innere, also die seelisch-geistige Welt, als auch auf die äußere Welt in ihrer ganzen Vielfalt beziehen können. Die Aussage: »Ich werde den letzten vielleicht nicht vollbringen, aber versuchen will ich ihn« weist, wie nun zeigen sein wird, eine besondere Nähe zur Lebensbindung oder – um einen anderen in der Psychologie verwendeten Begriff zu gebrauchen – der positiven Lebensbewertung auf. Denn, um das Ergebnis nachfolgender Überlegungen vorwegzunehmen: Eine positive Lebensbewertung oder das Erleben von Lebensbindung »stellen« sich im hohen Alter, in dem Menschen vermehrt die Erfahrung körperlicher oder geistiger Verletzlichkeit sowie des Verlusts anderer Menschen machen, »nicht einfach ein«, sondern sie bilden auch das Ergebnis einer psychologischen Leistung, nämlich der seelisch-geistigen »Arbeit« in und an der bestehenden »inneren« (seelisch-geistigen) und »äußeren« (körperlichen, sozialen und lebens- bzw. alltagspraktischen) Situation. Das Verständnis dieser Arbeit und ihrer Einflussfaktoren (welche fördern, welche erschweren diese Arbeit?) ist es, was die Psychologie in die Diskussion zu Lebensbindung oder positiver Lebensbewertung – ebenso wie in die Diskussion zu abnehmender Lebensbindung und zunehmend negativer Lebensbewertung – einbringen kann. Und mit dem Begriff der psychologischen Leistung oder dem der Arbeit sind wir nahe an der Formulierung: »Ich werde den letzten vielleicht nicht vollbringen, aber versuchen will ich ihn.« Doch der Reihe nach.

Es geht zunächst um den Begriff der »Lebensbewertung«, in der Psychologie verwendet, um das Ausmaß zu umschreiben, in dem eine Person an ihr Leben gebunden ist. Diese Bindung an das Leben verdankt sich nun nicht allein (vielleicht nicht einmal primär) der Erfahrung von Freude oder des Fehlens von Belastungen. Er ist also nicht hedonistisch gemeint, etwa in dem Sinne, dass dann, wenn die Person immer wieder Freude erlebt und von frei von Belastungen ist, die Lebensbindung »wie von selbst gegeben« sei. Vielmehr ist – neben Erfahrungen der Freude und dem Ausbleiben zutiefst verstörender Belastungen – der Blick auf Ziele und Pläne, die man entworfen und entwickelt hat, sind Hoffnungen, Sinnerfahrungen, Stimmigkeitserleben sowie die Erfahrung, Aufgaben und Anforderungen meistern zu können, ist schließlich die Zukunftsbezogenheit (die über die irdische Zukunft hinausgehen kann: zum Beispiel im Sinne des Fortbestehens im Leben anderer Menschen) Grundlage für Lebensbindung oder positive Lebensbewertung. Damit stehen wir in der Tradition sowohl einer humanistischen als auch einer existenzpsychologischen Deutung unseres Lebens: erstere (die humanistische) betont den Reichtum der Seele und des Geistes, mithin die »Vielstimmigkeit« der seelisch-geistigen Qualitäten (auf diese Vielstimmigkeit werde ich an anderer Stelle ausführlich eingehen), letztere (die existenzpsychologische) die herausragende Bedeutung der Sinnerfahrung oder des Stimmigkeitserlebens für ein von der Person als »gelungen« erlebtes Leben. Wie lässt sich nun Lebensbewertung bestimmen? Hier liegt ein sehr interessanter Vorschlag vor: nämlich als Zeitspanne, also Tage, Wochen, Monate, Jahre, die die Person (noch) leben will.[19] Eine »unendlich lange« Zeitspanne, »unbegrenzt viele« Jahre spiegeln eine sehr positive Lebensbewertung, eine tiefe Lebensbindung wider; umgekehrt lässt sich sagen, dass dann, wenn die Person äußert, sich nicht vorstellen zu können, »in dieser Weise« noch Wochen oder Monate, geschweige denn Jahre zu leben, sie damit eine negative Lebensbewertung, eine geringe Lebensbindung zum Ausdruck bringt. Dabei ist zu bedenken: die Lebensbewertung, die Lebensbindung kann sich über einen kurzen Zeitraum verändern. – Nun komme ich zu dem Sprachbild des »letzten Ringes« zurück: Es kann beobachtet werden, dass Menschen trotz großer gesundheitlicher Belastungen, trotz starker chronischer Schmerzen eine positive Lebensbewertung, eine ausgeprägte Lebensbindung zeigen oder diese nach und nach wiederfinden (herstellen). Und eben dies ist eine seelisch-geistige Leistung, die psychologisch gedeutet werden will: wie ist diese Leistung zu erklären?

Den Ausgangspunkt bilden die *Bedingungen* für ein »gutes« Leben, die die Person für sich selbst aufgestellt hat, die *Kriterien*, die sie definiert, wenn sie sich selbst fragt (oder von anderen Menschen gefragt wird), was sie unter einem guten Leben versteht. Wenn nun Beeinträchtigungen, Verluste, Konflikte und Belastungen eintreten, die sich zumindest in Teilen als endgültige oder weiter zunehmende erweisen, dann sind die bis dahin aufgestellten und artikulierten Bedingungen und Kriterien für ein gutes Le-

---

19 Lawton, M. P., Moss, M., Hoffman, C., Grant, R., Ten Have, T., & Kleban, M. (1999). Health, valuation of life, and the wish to live. The Gerontologist, 39, 406–416.

ben in Frage gestellt. Es ist gerade jetzt die Fähigkeit der Person angesprochen, diese Bedingungen und Kriterien an die entstandene Situation – nach und nach – *anzupassen*. Gelingt diese Anpassung? Und unter welchen Einflüssen gelingt sie? Allgemein wird hervorgehoben, und dies auf der Grundlage bedeutender internationaler Studienergebnisse: Enge Beziehungen zu nahestehenden Menschen, eine als anregend und unterstützend erlebte Kommunikation, die Erfahrung von Sinn, das Erleben von Stimmigkeit, schließlich die Erfahrung, die Situation meistern zu können (im Sinne von Selbstwirksamkeit), bilden bedeutende Einflüsse. Auch die in der Biografie entwickelten Verarbeitungs- und Bewältigungstechniken, die sich in belastenden Situationen als effektiv (wirksam) erwiesen haben, werden als bedeutende Einflüsse genannt. In eigenen Untersuchungen haben wir Einflüsse nachweisen können, zu denen vor allem zu rechnen sind: Erfahrung, eine Aufgabe im Leben zu haben, Erfahrung, von anderen Menschen gebraucht zu werden, Freude an der Natur, Freude an Musik, Kunst und Literatur, intensive Beschäftigung mit der Lebenssituation nahestehender Menschen (Angehörige, Zugehörige), vor allem der jungen Generation. Es treten Glaubens- und Transzendenzerfahrungen hinzu (siehe die bereits getroffenen Aussagen zur Spiritualität), wie auch die Erfahrung seelisch-geistigen Wachstums im Alter und die Erfahrung selbstbestimmter, autonomer Gestaltung des Lebens und des Alltags. Auf eine dieser Untersuchungen wird gleich einzugehen sein.

Was hier bedeutsam erscheint: Wenn eine Person im Alter die Erfahrung seelisch-geistigen Wachstums gemacht hat: Dann kann sie sich auch in Situationen großer Belastung auf diese Erfahrung besinnen, sich in diese »einschwingen«, sich auf diese konzentrieren. Und dies bedeutet auch: Sich in der aktuellen Belastungssituation darum zu bemühen, zu einer Neuorientierung zu finden, die auch eine Anpassung subjektiv definierter Kriterien für ein gutes Leben einschließt. Die intensive Beschäftigung mit der Lebenssituation nahestehender Menschen, verbunden mit der Überzeugung, etwas für diese Menschen tun zu können, bildet eine weitere bedeutende Hilfe: Denn hier wird eine Perspektivenerweiterung sichtbar, die hilft, die gegebene Situation zu transzendieren, das heißt, innerlich zu überwinden. Eine Aufgabe zu haben, von anderen Menschen gebraucht zu werden: diese beiden Merkmale werden in dem Engagement für andere Menschen eindrucksvoll angesprochen. Und auch die Glaubens- und Transzendenzerfahrungen dürfen unseren Befunden zufolge nicht unterschätzt werden, wenn es um die Anpassung von Bedingungen und Kriterien eines guten Lebens geht.

Die existenzpsychologische Deutung, die die Sinnerfahrung und das Stimmigkeitserleben in das Zentrum rückt, sieht in der Erfahrung, eine Aufgabe zu haben und von anderen Menschen gebraucht zu werden, eine Basis für die Erfahrung von Sinn, für das Erleben von Sinn: Wir sollen unser Leben nicht auf seinen Sinn hin befragen, sondern uns vielmehr *vom Leben befragen lassen* – daraufhin nämlich, was wir tun können, um das Leben, die Welt, andere Menschen zu fördern: so wird dies von großen Existenzpsychologen wie Viktor Frankl ausgedrückt.[20] Oder um eine andere existenzpsychologische Aussage aufzugreifen: Sinn verwirklicht sich in dem Maße, in dem wir unser Leben in den Dienst von etwas stellen, was nicht wir selbst sind.

Aber ist diese Art, den letzten Ring zu vollbringen, nicht sehr voraussetzungsvoll? Nämlich eine Aufgabe zu haben, das eigene Leben in den Dienst von Welt, Leben und anderen Menschen zu stellen, sich mit der Situation anderer Menschen zu identifizieren und sie zu unterstützen, Halt im Glauben und in der Transzendenz zu finden? Es sei betont: Ja. Aus diesem Grunde: Es müssen Menschen da sein, für die sich einzusetzen lohnt und die bereit sind, sich von dem alten Menschen befruchten, bereichern, beschenken zu lassen. Es ist eben nicht nur ein Umfeld nötig, das bereit ist, zuzuhören, zu begleiten, zu unterstützen – sondern das auch und

---

20 Frankl, V. E. (1972/2005). Der Wille zum Sinn. Ausgewählte Vorträge über Logotherapie. Bern: Huber. – Frankl, V. E. (1984/2005). Der leidende Mensch. Anthropologische Grundlagen der Psychotherapie. Bern: Huber.

vor allem bereit ist, sich bereichern und befruchten zu lassen. Was auch heißt: Den anderen Menschen in seinen Stärken zu erkennen und anzusprechen.

Und wenn diese Voraussetzung nicht erfüllt ist? Dann können solche Erlebnisse wie die Freude an der Natur, die Freude an Begegnungen, schließlich die Freude an Musik, Kunst und Literatur, die Freude am Gebet – um hier nur einige Beispiele zu nennen – dazu beitragen, dass das Leben auch in Belastungen und Verlusten als ein kostbares Gut empfunden wird. Und noch basaler: Die Erfahrung eines schwerstkranken, sterbenden Menschen, in einem Umfeld zu leben, das für eine gute Begleitung, für eine individuelle Tagesstruktur, für eine gute Ernährung und Verköstigung, schließlich für eine gute medizinisch-pflegerische Versorgung sorgt, kann Empfindungen des Dankes auslösen, die sich auch positiv auf die Lebensbewertung auswirken: »Unter solchen Bedingungen kann ich das Leben auch in schwerer Erkrankung, im Sterben bejahen.«

Die Bewertung des Lebens ist als die Intensität, mit der die Person an ihrem Leben hängt, zu verstehen. Wir haben in eigenen Studien die Bewertung des Lebens durch zwei Merkmale zu erfassen versucht: Zum einen durch die *Lebensbindung*, wie sich diese in der subjektiv erlebten Möglichkeit zur Selbstgestaltung und Weltgestaltung ausdrückt, zum anderen durch die *subjektive Bewertung des eigenen Alters*, wobei wir hier zwischen seelisch-geistigem, körperlichem und sozialem Alter unterschieden haben. Wie aber lassen sich die subjektiv erlebte Möglichkeit zur Selbstgestaltung und Weltgestaltung und die subjektive Bewertung des eigenen Alters erfassen? Hier dienten uns die in Interviews mit alten Menschen ausführlich beschriebenen Lebens- oder Daseinsthemen als Grundlage.[21] Wir baten die Interviewpartnerinnen und -partner darum,

---

21 Ausführliche Darstellung der Studie in: Kruse, A., & Schmitt, E. (Hrsg.) (2022). ... der Augenblick ist mein und nehm ich den in Acht: Daseinsthemen und Lebenskontexte alter Menschen. Heidelberg: Heidelberg University Publishing. Zum Thema der Lebensbindung und Lebensbewertung siehe vor allem Kapitel 3 in diesem Band.

uns möglichst offen, spontan, anschaulich (konkret) und umfassend zu berichten, was sie derzeit bewegt – und zwar in positiver ebenso wie in negativer Hinsicht. In den Interviews unterbrachen wir die Interviewpartnerinnen und -partner in ihren (meist sehr ausführlichen) Erzählungen (oder Berichten) nicht; wir gaben nur einzelne Lebensbereiche (wie zum Beispiel die Gestaltung des Alltags, die Gestaltung der Beziehungen zu anderen Menschen, den Lebensrückblick, die Zukunftsperspektive, das Gesundheitsverhalten, die persönlichen Interessen, die Verarbeitung und Bewältigung von Krisen und Belastungen) an, für die wir die Beschreibung dessen erbaten, was die Person beschäftigt. Wir konnten in der Gesamtgruppe der 400 interviewten Frauen und Männer (zwischen 75 und 95 Jahre alt) 29 Lebens- oder Daseinsthemen unterscheiden. Von diesen 29 Themen ließen sich 15 der »subjektiv erlebten Möglichkeit zur Selbstgestaltung und Weltgestaltung« zuordnen, 14 der »subjektiven Bewertung des eigenen Alters«. Ich möchte nachfolgend die Lebens- oder Daseinsthemen anführen, die nach unserem Verständnis zum einen auf Lebensbindung (im Sinne von erlebter Selbst- und Weltgestaltung), zum anderen auf die subjektive Bewertung des eigenen Alters deuten.

Subjektiv erlebte Möglichkeit zur Selbstgestaltung

- Möglichkeiten selbstverantwortlicher Lebensgestaltung/erfüllter Alltag
- Eine Aufgabe im Leben haben
- Freude an der Natur
- Freude an der Musik/Kunst/Literatur
- Glaubens- und Transzendenzerfahrungen
- Zufriedenstellende/gute (physische/mentale) Gesundheit
- Leben in der eigenen Wohnung
- Erfahrung eigener seelisch-geistiger Reifung

Subjektiv erlebte Möglichkeit zur Weltgestaltung

- Gemeinsame Zeit mit (Ehe-)Partnerin/(Ehe-)Partner
- Innere Teilnahme an der Entwicklung der Kinder
- Innere Teilnahme an der Entwicklung der (Ur-)Enkelkinder
- Erlebte Nähe zu den Kindern
- Erlebte Nähe zu den (Ur-)Enkelkindern
- Freude am Zusammensein mit anderen Menschen
- Erfahrung, von anderen Menschen gebraucht zu werden

Aus den Lebens- oder Daseinsthemen, die auf Selbstgestaltung und Weltgestaltung hindeuten, geht zum einen hervor, wie verschiedenartig sich die Wege zur Selbst- und Weltgestaltung im Erleben alter Menschen darstellen. Zum anderen wird der Begriff der Weltgestaltung etwas anschaulicher: Die »Welt« ist hier ganz im Sinne der sozialen Welt (oder sozialen Umwelt, vor allem der Nahumwelt) gemeint.

Mit Blick auf die subjektive Bewertung des Alters unterschieden wir, wie schon dargelegt, zwischen drei Bereichen des Alters: dem seelisch-geistigen, dem körperlichen und dem sozialen Bereich:

Subjektive Bewertung seelisch-geistigen Alters

- Seelisch-geistige Gewinne
- Wachsende Bedeutung des Lebensrückblicks
- Sorge vor geistigen Verlusten und abnehmender Orientierung (bis hin zur Demenz)
- Alter als Chance, Aufgabe und Herausforderung

Subjektive Bewertung körperlichen Alters

- Körperliche Einschränkungen/Verluste
- Sorge vor ausgeprägten sensorischen Einbußen
- Sorge vor Aufgabe der eigenen Wohnung aufgrund von unüberwindbaren Barrieren

Subjektive Bewertung sozialen Alters

- Anderen Menschen etwas geben können
- Stärkeres Angewiesensein auf Beziehungen zu anderen Menschen
- Stärkeres Angewiesensein auf andere Menschen und Institutionen
- Phasen von schmerzlich empfundener Einsamkeit
- Sorge vor wachsender Einsamkeit
- Erfahrung der Abwertung/Meidung/Geringschätzung durch andere Menschen
- Interesse anderer Menschen am hohen Alter

Wenn wir uns die unter den drei Bereichen des Alters angeführten Daseinsthemen genauer anschauen, erkennen wir, dass im Erleben alter Menschen das hohe Alter mit vielfältigen Verletzlichkeitserfahrungen verbunden ist. Aber nicht nur: Es finden sich auch Erfahrungen des Gewinns und des Wachstums. Dies gilt vor allem für das seelisch-geistige Alter, es gilt – allerdings in deutlich geringerem Maße – auch für das soziale Alter. Hier ist hervorzuheben, dass alte Menschen selbst von seelischem und geistigem oder seelisch-geistigem Wachstum bzw. über Erlebnisse und Erfahrungen (und deren persönliche Reflexion) sprechen, die den Begriff »seelisch-geistiges Wachstum« als Daseinsthema nahelegen.

Uns hat in der Analyse auch interessiert, ob die von uns untersuchte Gruppe alter Menschen sowohl mit Blick auf die Lebensbindung als auch mit Blick auf die subjektive Bewertung des Alters in Teilgruppen (Untergruppen) untergliedert werden kann. Eine Antwort auf diese Frage ist insofern von Interesse, als sie uns zum einen für mögliche Unterschiede zwischen alten Menschen im Grad der Lebensbindung und in der subjektiven Bewertung des eigenen Alters, zum anderen für Einflüsse auf diese beiden Merkmale sensibilisiert.

Wir konnten mit Blick auf die Lebensbindung – auf empirischem Wege – zwischen drei Teilgruppen differenzieren, die sich wie folgt charakterisieren lassen: I. Gelockerte Lebensbindung, verbunden mit einer eher verhaltenen Selbst- und Weltgestaltung; II. Eher stark ausgeprägte Lebensbindung, verbunden mit höherer Bezogenheit auf spezifische Ausschnitte der Natur, der Kultur, der sozialen Umwelt; III. Stark ausgeprägte Lebensbindung im Sinne von intensiver Selbst- und Weltgestaltung. Die erste Teilgruppe erwies sich mit Blick auf Merkmale der objektiven Lebenssituation (Gesundheit, Bildung, Einkommen, Wohnqualität) vor allem gegenüber der dritten Teilgruppe als benachteiligt, was uns zeigt: Lebensbindung darf nicht unabhängig von objektiven Lebensbedingungen betrachtet und gedacht werden.

Auch im Hinblick auf die subjektive Bewertung des eigenen Alters ließ sich – auf empirischem Wege – zwischen drei Teilgruppen differenzieren, nämlich: I. Eher negative emotionale Besetzung des Alters, wobei Sorgen vor Einsamkeit und Einbußen dominieren und nur ein geringer Austausch mit der sozialen Umwelt stattfindet. II. Eher geringe emotionale Besetzung des Alters, wobei sich eher positiv und eher negativ getönte Erlebnisse und Erfahrungen die Waage halten. III. Emotional positiv besetztes Alter, verbunden mit der Erfahrung, anderen Menschen etwas geben zu können und deren Interesse zu wecken, weiterhin verbunden mit einem als bereichernd empfundenen Lebensrückblick. Auch hier fanden wir zwischen der ersten und der dritten Teilgruppe Unterschiede in den objektiven Lebensbedingungen; die erste Teilgruppe erwies sich hier gegenüber der dritten Teilgruppe eher benachteiligt.

In einer sehr anregenden Theorie des US-amerikanischen Psychologen M. Powell Lawton (1923–2001) zur »Lebensbewertung« (valuation of life) im Alter bildet die »subjektiv gewünschte Lebenszeit« den Ausgangspunkt der Argumentation.[22] Die an die Person gerichtete Frage lautet: Wie viele Jahre (vielleicht auch nur

---

22 Lawton, M. P., Moss, M., Hoffman, C., Kleban, M. H., Ruckdeschel, K., & Winter, L. (2001). Valuation of life: A concept and a scale. Journal of Aging and Health, 13, 3–31. – Lawton, M. P., Moss, M. S., Winter, L., &

Monate) möchte sie noch leben? In der subjektiv gewünschten Lebenszeit (years of desired life) kommt, so Lawton, die subjektive Bewertung des Lebens zum Ausdruck. Nun könnte man annehmen, dass sich (a) in der subjektiven Bewertung des Lebens vor allem die objektiv gegebenen Lebensbedingungen widerspiegeln und dass (b) die subjektive Bewertung des Lebens im Kern Ausdruck von positiver versus negativer Stimmung, von nicht-gegebenen versus gegebenen psychischen Belastungen ist. Zum ersten Teil der Annahme: Spiegeln sich tatsächlich in der Lebensbewertung objektive Lebensbedingungen wider? Vor dem Hintergrund unserer (eben berichteten) Studie könnte man meinen: Unbedingt! Denn ich hatte ja darauf hingewiesen, dass sich in beiden Studienteilen (Lebensbindung; subjektive Bewertung des Alters) jeweils eine Teilgruppe findet, in der die Lebensbewertung nicht wirklich positiv ausfällt: Es handelt sich einmal um eine »gelockerte Lebensbindung«, ein anderes Mal um eine »eher negative emotionale Besetzung des Alters«; und eben in diesen beiden Teilgruppen waren die objektiv gegebenen Lebensbedingungen nicht so günstig wie in jenen beiden Teilgruppen, die sich durch eine »stark ausgeprägte Lebensbindung im Sinne von intensiver Selbst- und Weltgestaltung« und ein »emotional positiv besetztes Alter« auszeichneten. Aber es ist gleich einschränkend zu sagen: Diese Unterschiede zeigten sich in beiden Studienteilen allein zwischen jenen Teilgruppen, die mit Blick auf die Lebensbindung bzw. die subjektive Bewertung des Alters am weitesten auseinanderlagen; zudem war *innerhalb* der Teilgruppen eine hohe Verschiedenartigkeit (Variabilität) zwischen den einzelnen Mitgliedern erkennbar, sodass konstatiert werden muss: Der Grad der Lebensbindung wie auch die Art der subjektiven Bewertung des Alters sind von objektiv gegebenen Lebensbedingungen *beeinflusst*, sie werden aber keinesfalls durch diese determiniert. Auch unter objektiv einschränkenden Lebensbedingungen kann eine Person eine ausgeprägte Lebensbin-

---

Hoffman, C. (2002). Motivation in later life: Personal projects and wellbeing. Psychology and Aging, 17, 539–554.

dung und eine positive Bewertung des eigenen Alters zeigen; auch unter objektiv positiven, anregenden, unterstützenden (»ermöglichenden«) Lebensbedingungen kann eine Person eine geringe Lebensbindung und eine negative Bewertung des eigenen Alters erkennen lassen. Und wie sieht es mit der Annahme aus, dass sich in der subjektiven Bewertung des Lebens die Art der Stimmung oder gegebene versus nicht-gegebene psychische Störungen widerspiegeln? Dieser Frage sind die Autorinnen und Autoren, die diese Theorie entwickelt haben, nachgegangen. Und sie konnten nachweisen, dass sich zwischen Merkmalen wie Grad der Lebenszufriedenheit, Art der Stimmung, Grad der Niedergeschlagenheit einerseits und der subjektiven Lebensbewertung (valuation of life) andererseits kein eindeutiger Zusammenhang ergibt. Darüber hinaus zeigte sich, dass der Umgang mit Anforderungen, Krisen und Belastungen nicht allein durch die spezifische Art der Anforderungen, Krisen und Belastungen und auch nicht durch die *zusätzlich* berücksichtigte emotionale Befindlichkeit der Person (einschließlich gegebener versus nicht gegebener psychischer Störungen) erklärt werden kann, sondern dass auch die Lebensbewertung hinzugezogen werden muss, um den spezifischen Umgang mit den Anforderungen, Krisen und Belastungen ausreichend erklären (»vorhersagen«) zu können. Dies bedeutet, dass die Lebensbewertung ein relativ eigenständiges – ich möchte sagen: existenzpsychologisches – Merkmal bildet. Diese Aussage wird auch von den Autorinnen und Autoren selbst getroffen, wenn sie konstatieren: Die Bewertung des eigenen Lebens – und dies heißt auch: die subjektiv gewünschte Lebensdauer (years of desired life) – darf nicht einfach als Ausdruck von »Störungsfreiheit«, »Wohlbefinden« und »positiver emotionaler Befindlichkeit« gedeutet werden. Dies wäre viel zu einfach gedacht. Vielmehr drückt sich in der Lebensbewertung etwas Anderes aus: Die Überzeugung nämlich, im Leben – trotz aller Widrigkeiten, Einengungen und Einschränkungen – Sinn gefunden zu haben und aufs Neue zu finden, darüber hinaus das Erleben von Stimmigkeit in einzelnen Situationen, schließlich das Verspüren von Hoffnung und Zukunftsbezogenheit, und zwar in der Hinsicht, dass das Leben

5 Lebensbindungen erkennen, »Ja« zum Leben sagen

auch in der aktuell gegebenen Grenzsituation Perspektiven offenbart, die selbst über die physische, irdische Existenz hinausweisen können. In dieser Sinn-, Stimmigkeits-, Hoffnungs- und Zukunftsperspektive kommt den Autorinnen und Autoren zufolge eine ungemein geistige (kognitive) und gefühlsmäßige (emotionale) »Anpassungsfähigkeit« der Person zum Ausdruck, die durchaus mit dem von Viktor Frankl verwendeten Begriff des »Einstellungswertes« umschrieben werden darf. Einstellungswert meint ja nach Viktor Frankl, dass ich dadurch Werte verwirkliche, dass ich meine Lebenseinstellung, meine Haltung dem Leben gegenüber an eine Grenzsituation »anpasse« – und zwar keinesfalls im Sinne der Resignation, sondern vielmehr im Sinne der Verwirklichung von *schöpferischen* seelisch-geistigen Kräften, die mir immer wieder aufs Neue Perspektiven eröffnen und mich ermutigen, »Ja« zum Leben zu sagen. Ich selbst spreche hier von einer »psychologischen und existenziellen Leistung« und möchte damit deutlich machen, welche produktive (schöpferische) Anpassungsfähigkeit die Psyche und der Geist auch in Grenzsituationen unter Beweis stellen können.

Wir dürfen nicht übersehen, dass die Person sogar unter höchst belastenden, einschränkenden Lebensbedingungen derartige schöpferische Leistungen erbringen kann. Dies können wir zum Beispiel im Falle von schwersten Krankheiten und Beeinträchtigungen, im Falle der immer drängender werdenden Endlichkeit oder nach dem Verlust nächststehender Menschen beobachten. Die im ersten Kapitel dieses Buches angesprochenen gesellschaftlichen Krisen, von denen einzelne Menschen besonders hart getroffen wurden, zeigen uns bei der Betrachtung einzelner Personen ein eindrucksvolles Maß an seelisch-geistiger Anpassungsfähigkeit.

Nun müssen wir fragen: Wie können wir diese geistige und gefühlsmäßige Anpassungsfähigkeit erklären? Erstens zeigt sich hier die Widerstandsfähigkeit der Psyche, über die schon ausführlicher geschrieben wurde (siehe das Kapitel: »Verletzlichkeit bewältigen und verarbeiten«). Zweitens wird deutlich, dass sich auch, ja vielleicht gerade in Situationen der (äußersten) Bedrängnis ein ausgeprägter Lebenswille ausbilden oder der bestehende Lebenswille an Intensität gewinnen kann, sodass der betreffenden Person einmal mehr deutlich wird, wie sehr sie *an das Leben gebunden* ist. Dies möchte ich anhand einer Aussage des Philosophen Hans-Georg Gadamer (1900–2002) veranschaulichen, die dieser in einer sehr schönen, lesenswerten Arbeit zum Wesen des Schmerzes getroffen hat. Diese Arbeit gründet auf dem letzten öffentlichen Vortrag, den Gadamer, der selbst über weite Strecken seines Lebens an Schmerzen gelitten hat, in der Orthopädischen Klinik der Universität Heidelberg im Jahre 2000 gehalten hat.[23] In der Arbeit ist zu lesen: »[Es] gibt [...] offenbar die Möglichkeit, durch das eigene Sich-Wehren gegen den Schmerz in diesen einzugreifen, indem man sich dem ganz hingibt, was einen ganz erfüllt. Nichts lässt den Schmerz am ehesten erträglich werden als das Gefühl, es geht mir etwas auf, mir fällt etwas ein. Es gibt ja immer ein ganzes Arsenal Unerledigtes, das wir zu verwinden trachten. In diesem Sinne ist der Schmerz eine große Chance, vielleicht die größte Chance, endlich mit dem »fertig zu werden«, was uns aufgegeben ist. Die eigentliche Dimension des Lebens wird im Schmerz erahnbar, wenn man sich nicht überwinden lässt. Hierin sehe ich auch die größte Gefahr des technologisierten Zeitalters, dass diese Kräfte unterschätzt werden und damit auch – verständlicherweise – unsere Fähigkeiten nicht mehr zur vollen Entwicklung gelangen. Dem steht die Freude des Gelingens, des Beherrschens und schließlich des sich wieder Gesundfühlens gegenüber. Ich kann nicht leugnen, dass diese Freude [...], doch wohl immer noch das beste Medikament ist, das uns die Natur an die Hand zu geben weiß.« (Gadamer, 2003, S. 27f).

Ob ich den letzten Ring vollbringen werde? Aber versuchen will ich ihn! Mit den hier getroffenen Aussagen zur Lebensbewertung

---

23 Gadamer, H. G. (2003). Schmerz. Einschätzungen aus medizinischer, philosophischer und therapeutischer Sicht (2., unveränderte Auflage 2010). Heidelberg: Universitätsverlag Winter.

und Lebensbindung, auch den Aussagen von Hans-Georg Gadamer, stehen wir wieder vor den Versen des Rainer Maria Rilke. Das Bewusstwerden des Lebenswillens, das Bewusstwerden dessen, was uns im Leben getragen hat und trägt, und dies auch in einer Grenzsituation, vielleicht sogar als Ergebnis des Erlebens und Handelns in einer Grenzsituation, erinnert uns an den letzten Ring. Wir wissen nicht, ob wir ihn vollbringen werden, denn gerade eine Grenzsituation können wir in ihrem Verlauf und in dem, was sie aus uns macht, oder besser: was wir in ihr werden, nicht vorhersehen. Die hier getroffenen Aussagen sollen zum einen veranschaulichen, was es bedeutet, wenn vom »letzten Ring« gesprochen wird: Es geht darum, das Leben auch in seinen späten Phasen, ja, auch in seiner letzten Phase so zu *gestalten* (ich spreche ausdrücklich von Selbstgestaltung und Weltgestaltung), dass es trotz aller Einschränkungen und Hindernisse bejaht werden kann. Diese Fähigkeit und Bereitschaft zur Bejahung in einer der letzten Grenzsituationen ist in meinen Augen eine große psychologische und existenzielle Leistung. Wer alte Menschen in den spätesten Phasen ihres Lebens oder im Prozess des Sterbens begleitet hat (aus einem persönlichen Anliegen, einem praktischen oder wissenschaftlichen Interesse heraus), der weiß, dass es gelingen kann, den letzten Ring zu vollbringen, dass es aber keinesfalls gelingen muss. *Ein* entscheidendes Merkmal, dass dies gelingt, ist die Möglichkeit, mit einem oder mehreren nahestehenden Menschen in eine *wahrhaftig geführte Kommunikation* einzutreten. Denn gerade in einer solchen Kommunikation erhält die Person die Möglichkeit zu einer Selbst-Distanzierung, durch die sie in die Lage versetzt wird, über das Leben in seiner Gesamtgestalt, über einzelne Lebensabschnitte, schließlich über einzelne Erlebnisse, Erfahrungen und Begegnungen nachzudenken, die für die persönliche Identität von großer Bedeutung (gewesen) sind. Und in diesem Nachdenken kann nicht nur die Quelle für das Annehmen des Lebens liegen, sondern auch die Quelle für den Lebenswillen, der nun wieder deutlich stärker erfahrbar wird und der auf Verwirklichung dringt. Dies bedeutet: Auch mit Blick auf den letzten Ring dürfen wir uns nicht als losgelöst von anderen, nahestehenden Menschen begreifen; vielmehr sollten wir erkennen, dass wir gerade in einer derartigen Grenzsituation zutiefst auf den wahrhaftigen Austausch mit nahestehenden Menschen angewiesen sind. Wie heißt es in einem sehr schönen Vers aus dem Gedicht »Freundschaft« des Königsberger Literaturwissenschaftlers und Dichters Simon Dach (1605–1659)? »Die Red ist uns gegeben, damit wir nicht allein für uns nur sollen leben und fern von Menschen sein. Wir sollen uns befragen und sehn auf guten Rat; das Leid einander klagen, so uns befallen hat.« Und in einem späteren Vers: »Der kann sein Leid vergessen, der es von Herzen sagt; der muss sich selbst auffressen, der in geheim sich nagt.«

6

Die Vielstimmigkeit von Seele-Geist: Zur Kreativität und Spiritualität im Alter

Die Vielstimmigkeit aus eigenständigen (gesanglichen oder instrumentalen) Stimmen wird in der Musik mit dem Begriff der Polyphonie umschrieben. Dieses Wort leitet sich vom altgriechischen πολύ (polý: viel) und φωνή (phoné: Stimme) ab. Ich spreche, hier inspiriert von dem Theologen und Philosophen Michael Welker[24], von einer *Vielstimmigkeit* von Seele-Geist. Was ist damit gemeint? Zunächst: Seele und Geist weisen unterschiedliche Ausdrucksfor-

---

24 Welker, M. (2021). God's Image: A Spirit-Anthropology. The Edinburgh Gifford Lectures. Grand Rapids, MI: Eerdmans.

men auf. Die Seele zeigt sich in Emotionen (Gefühlen) und Affekten, zudem in Bedürfnissen und Motiven, schließlich im psychischen Antrieb. Der Geist zeigt sich im Denken bzw. Problemlösen, in den Werthaltungen, im Über-sich-hinaus-Sein (auch mit »Transzendenz« umschrieben), schließlich in den Glaubensinhalten, wobei Glaube nicht notwendigerweise Religiosität bedeutet. Ich spreche von Seele-Geist; damit betone ich die *Überschneidungen* von Seele und Geist. Diese zeigen sich darin, dass Gefühle, Bedürfnisse und Motive geistige Merkmale einschließen, sie zeigen sich zum anderen darin, dass in den Werten, Glaubensinhalten und in der Erfahrung des Über-sich-hinaus-Seins auch Emotionen, Affekte und Motive mitschwingen. Die Verschränkungen zwischen Seele und Geist sind alles andere als trivial. Denn sie zeigen uns die hohe Komplexität aller seelischen und geistigen Prozesse. Aus diesem Grunde spreche ich von seelisch-geistigen Wachstums- und Reifeprozessen und trenne nicht (künstlich) zwischen Seele und Geist. Die Komplexität von Seele-Geist geht im Alter nicht zurück, sondern bleibt auch in dieser Lebensphase bestehen.

Worin besteht die Kreativität im Alter, worin die Spiritualität? Zunächst sei auf die *Kreativität* als ein Potenzial eingegangen, in einem weiteren, eigenen Schritt auf die *Spiritualität*. Aber: Warum verknüpfe ich in einem eigenen Kapitel Kreativität *und* Spiritualität? Der Grund dafür liegt darin, dass beide Merkmale an die Fähigkeit der Person zur Selbstreflexion gebunden sind. Damit ich zu meinen schöpferischen Kräften finde, ist es notwendig, dass ich mir meiner selbst bewusstwerde, dass ich Zugang zu den (oder besser: meinen) Ausdrucksformen von Seele und Geist finde. Mein Denken, mein Fühlen, mein Empfinden, mein Handeln, mein Verhalten: Auf diese Aspekte von Seele-Geist muss sich die Selbstvergegenwärtigung immer wieder beziehen, damit diese nicht nur lebendig bleiben, sondern auch das Fundament des Schöpferischen bilden. Kreativität leitet sich aus dem Lateinischen ab: *creare* ist zu übersetzen mit: erschaffen, hervorbringen, verursachen, schaffen und wählen. Ich möchte etwas schaffen, hervorbringen, erschaffen. Ich möchte mich selbst als »Verursacher« von Prozessen (und zwar positiv bewerteten Prozessen) in meiner Mitwelt und Umwelt begreifen. Die Verwirklichung dieser Motive setzt voraus, dass ich mich mir selbst zuwende – nicht im Sinne eines irgendwie gearteten Narzissmus, sondern ganz im Sinne der tiefen (auch in Demut geführten) Selbstreflexion, die eine tiefe Verbundenheit mit meiner Mit- und Umwelt offenbart. Und das Gleiche gilt für die Spiritualität. Verstehe ich diese als Geistigkeit, die die Person in sich selbst wahrnimmt, die sie aber zugleich als Umgreifendes erkennt, dann führt auch der Weg zur Spiritualität notwendigerweise über die Selbstreflexion.

Gerne möchte ich diese Selbstreflexion am Beispiel eines Briefes des Renaissance-Schriftstellers Francesco Petrarca (1304–1374) veranschaulichen, den er bei dem Aufstieg auf den Mont Ventoux verfasst hat. In diesem Brief wendet sich Petrarca zunächst der Schönheit der Natur zu, die er nur bestaunen kann. Sodann zitiert er eine Stelle aus den *Confessiones* des Kirchenvaters Aurelius Augustinus (354–430), wo es heißt: »Und es gehen die Menschen hin, zu bewundern die Höhen der Berge und die gewaltigen Fluten des Meeres und das Fließen der breitesten Ströme und des Ozeans Umlauf und die Kreisbahnen der Gestirne – und verlassen dabei sich selbst.« (Augustinus, 1989, X, Absatz 15, S. 261).[25] Wie antwortet Petrarca auf diese Aussage? »Ich hätte lernen müssen, daß nichts bewundernswert ist außer der Seele. Im Vergleich zu ihrer Größe ist nichts groß. Dann aber wandte ich, zufrieden, vom Berg genug gesehen zu haben, die inneren Augen auf mich selbst, und von jener Stunde an konnte keiner mich reden hören, bis wir ganz unten angelangt waren; jenes Wort hatte mir genügend stumme Beschäftigung gebracht.« (Petrarca, 1995, Absatz 29, S. 25).[26] Eine wunderbare Umschreibung des Prozesses der Selbstreflexion oder Selbstvergegenwärtigung.

---

25 Augustinus, A. (1989). Bekenntnisse. Übers. und hrsg. von K. Flasch und B. Mojsisch. Ditzingen: Reclam.
26 Petrarca, F. (1995). Die Besteigung des Mont Ventoux. Familiarium rerum libri IV. Stuttgart: Philipp Reclam.

6 Die Vielstimmigkeit von Seele-Geist: Zur Kreativität und Spiritualität im Alter

Kreativität: Wie sie sich entwickelt, wie sie sich zeigt

Wenn von »Kreativität im Alter« gesprochen wird, dann fällt in aller Regel auch der Begriff der Person oder jener der Persönlichkeit. Sie oder er ist eine Person, hat eine Persönlichkeit, die schon für sich selbst genommen eine hohe Kreativität ausstrahlt und diese in Situationen mit hohem Anforderungscharakter (so zum Beispiel in der Begleitung eines Menschen in Not) unter Beweis stellt. Auch bei Menschen, die nach Eintritt in die Rente für die Wahrnehmung spezifischer Aufgaben in das Unternehmen zurückkehren, sind es nicht nur die Wissenskorpora und Arbeitstechniken, die als Potenzial wahrgenommen und genutzt werden, sondern darüber hinaus die als besonders *inspirierend* und *motivierend* erlebten Person- und Persönlichkeitsmerkmale. Aus diesem Grunde ist nicht überraschend, dass nicht wenige Frauen und Männer, die im Rentenalter stehen, noch einmal in das Unternehmen geholt werden. Dort sollen sie unter anderem die Mentorenschaft für junge, vielleicht sogar gerade erst in das Unternehmen eingetretene Mitarbeiterinnen und Mitarbeiter wahrnehmen: Nicht allein mit ihrem in der beruflichen Laufbahn gewonnenen Wissen, sondern auch – und vor allem – mit ihrer Person und Persönlichkeit sollen sie als »Vorbild« dienen. Wenn die Frage nach Person- und Persönlichkeitsmerkmalen gestellt wird, denen ein besonderes Vorbildpotenzial zukommt, wird vielfach geantwortet: Innere Ruhe, Freundlichkeit, Empathie, Beziehungsfähigkeit, Inspirationsfähigkeit, Belastungsfähigkeit (im Sinne souveränen Reagierens in Situationen, die einen hohen geistigen und emotionalen Anforderungscharakter besitzen). Diese Merkmale können durchaus als ein Potenzial des Alters – und zwar ganz im Sinne der wachsenden Lebenskreise, hier nun der inneren Kreise – verstanden werden: die sich allerdings nicht »einfach« im Alter zeigen, sondern Ergebnis einer lebenslangen, schöpferischen seelisch-geistigen Entwicklung bilden. Ganz ähnliche Formate von Person und Persönlichkeit sind im bürgerschaftlichen Engagement anzutreffen, so zum Beispiel in der Arbeit mit Flüchtlingen, mit schwerkranken oder sterbenden Menschen, mit Kindern und Jugendlichen, die aufgrund sozialer Benachteiligung schlechte Startchancen im Leben hatten. Und auch im gesellschaftlichen und politischen Engagement (hier seien Friedens- oder Klimabewegungen genannt) finden sich alte Menschen, die – abgesehen von ihren Erfahrungen, ihrem Wissen, ihren sozialen und materiellen Ressourcen – vor allem durch ihre Person und ihre Persönlichkeit ein hohes Maß an Kreativität und Souveränität ausstrahlen.

Doch habe ich bislang Kreativität vor allem als eine nach außen, auf die Förderung anderer Menschen gerichtete Qualität dargestellt. Gleich wichtig ist die Kreativität nach innen, also die auf späte Freiheit gerichtete Qualität, die ihrerseits an ein hohes Maß an Offenheit, Unsicherheitstoleranz (als Stichwort sei hier genannt: das Leben als Wagnis) und Reflexionsfähigkeit gebunden ist. Ich denke hier zum Beispiel an bis in das hohe Alter neugierige und beeindruckbare Menschen, die immer wieder den Mut zeigen, ein ganz neues Interessengebiet zu betreten oder früher ausgeübte Interessen nun wieder aufzugreifen und in neuer Weise fortzuführen. Literatur, Musik, Kunst, Tanz, neue Sprachen, historisches und politisches Interesse, Freude an der Natur sind Beispiele für »kleinere« oder »größere Fluchten« – um hier Anleihe an einem wunderbaren Film aus dem Jahre 1979 zu nehmen (*Les petites fugues*, produziert in der Schweiz). Von diesem Kreativitätspotenzial können Ehe, Partnerschaft und Freundschaft nur profitieren: wenn nur auf Seiten des bzw. der Anderen die Bereitschaft besteht, diese neuen Wege mitzugehen. Zwei Gedichte der großen Schriftstellerin Rose Ausländer veranschaulichen das hier gemeinte Verständnis von »Person, Persönlichkeit und Kreativität«. Das eine Gedicht, »Noch bist du da«, das mit dem Aufruf endet: »Sei, was du bist. Gib, was du hast«, das andere Gedicht, »Nicht fertig werden«, in dem die Autorin zahlreiche Lebensräume nennt, die Menschen auch in späten Jahren durchleben und -schreiten können, ohne dass Phasen der Trauer und der Sorge ausgeklammert würden, und dies in der Überzeugung, nicht einfach einen Schlussstrich zu ziehen, sondern – solange dies möglich ist – weiterzuschreiten: nach außen und – vor allem – nach innen.

Kreativität ist als ein Prozess zu verstehen, in dessen Verlauf die Person neuartige, originelle und anpassungsfähige Ansätze zur Lösung von Problemen entwickelt. Die Entwicklung solcher kreativen Lösungsansätze wird durch divergentes (das heißt: konträre, gegensätzliche Problemlösestrategien verbindendes) Denken gefördert. Im Unterschied zum konvergenten (das heißt: sich auf *eine* Problemlösestrategie konzentrierenden) Denken, das durch logische Schlussfolgerungen zu einer einzigen oder besten Lösung gelangt (wobei das Ergebnis mehr oder weniger vollständig durch die vorhandene Information vorbestimmt ist), liefert das divergente Denken *mehrere alternative Lösungen*. Alle Lösungsansätze entsprechen dabei den gegebenen Anforderungen und sind somit für die Lösung des vorliegenden Problems geeignet. Dadurch, dass beim divergenten Denken der Person mehrere (oder sogar viele) angemessene Lösungsansätze zur Verfügung stehen, nimmt die Wahrscheinlichkeit einer kreativen Lösung zu. Sowohl die Anzahl der entwickelten Lösungsansätze als auch deren Qualität gelten als Maß für die Ausprägung des divergenten Denkens.

Kreativität im Sinne der Entwicklung und Umsetzung von mehreren innovativen und effektiven Lösungsansätzen beschränkt sich nun nicht allein auf die Bearbeitung (hoch-)abstrakter Probleme. Kreativität umfasst auch das Potenzial zum neuartigen, originellen und anpassungsfähigen Umgang mit Belastungen, Konflikten und Krisen, mit neuartigen Herausforderungen und Chancen lebens- oder alltagspraktischer Art, mit emotionalen wie auch mit künstlerischen und spirituellen Themen.

Die Annahme, dass die Kreativität Ergebnis eines »Geistesblitzes« sei, wird in der Kreativitätsforschung kritisch bewertet. Vielmehr benötigen wir Jahre des Aufbaus und der Umsetzung von Wissen in praktische Problemlösung oder -bewältigung, damit aus dem Kreativitäts*potenzial* – das im Kern bei jedem Menschen anzutreffen ist – tatsächlich eine kreative, schöpferische *Leistung* wird. Die Notwendigkeit des kontinuierlichen Wissensaufbaus führt vor Augen, dass ein hohes Lebensalter kreativen Potenzialen (kognitiver, emotionaler, ästhetischer, spiritueller, lebenspraktischer, sozialkommunikativer Natur) keinesfalls widerspricht, sondern die Entwicklung solcher Lösungsansätze sogar zu *befruchten* vermag.

Lang andauernde, zum Teil mehrjährige Prozesse, die oftmals kreativen Lösungen vorausgehen, bilden den Kern des mittlerweile »klassisch« zu nennenden Vier-Phasen-Modells der Kreativität (das in seinen Ursprüngen auf den Mathematiker Henri Poincaré [1854–1912] zurückgeht und von dem Psychologen, Politikwissenschaftler und Mitbegründer der London School of Economics, Graham Wallas [1858–1932], zu einer Theorie kreativen Denkens weiterentwickelt wurde[27]). I. *Vorbereitungsphase*: Wir bauen die für die Lösung eines (umfassenderen) Problems notwendigen Wissenselemente oder Wissenskorpora auf und entwickeln systematisch Problemlöseansätze; II. *Inkubationsphase*: Wir lassen die Wissenselemente oder -korpora sowie die (versuchsweise entwickelten, aber noch nicht ausreichend wirksamen) Lösungsansätze »unbewusst« weiterarbeiten, indem wir uns vorübergehend von der Bearbeitung des entsprechenden Problems distanzieren und dieses abschatten; III. *Erleuchtung* (im Sinne von »Heureka!«, »Das ist es!«, »Ich habe die Lösung gefunden«): Wir wenden uns nach einem gewissen Zeitraum dem Problem wieder zu oder dieses wird uns wieder bewusst; dabei genügen oftmals einige Gedankenschritte, um den versuchsweise entwickelten Lösungsansatz zielführend zu verfeinern; IV. *Verifikation* (im Sinne von »Ich habe das Problem durchdrungen«, »Die Lösung überzeugt«): Nun wird der Lösungsansatz auf das eine Problem (möglicherweise auch auf mehrere verwandte Probleme) angewendet und mit Blick auf seine Wirksamkeit (in der sich auch der Durchdringungsgrad widerspiegelt) beurteilt.

Es wurden in der psychologischen Forschung *Lebenslaufmodelle* der Kreativitätsentwicklung erarbeitet, die zuerst hervorheben, dass Kreativität eine hohe biografische Kontinuität aufweist: Alte Menschen, denen man auch aus objektiver (fachlicher) Sicht Kreativität bescheinigen kann, erwiesen sich vielfach schon in ihrer Kind-

---

27 Wallas, G. (1926). The art of thought. New York: Harcourtt, Brace & World.

heit und Jugend als kreativ, sodass sich in der Kreativitätsforschung die Aussage etabliert hat: Die »Eltern« von kreativen alten Menschen sind diese Menschen selbst – nämlich als Kinder und Jugendliche. Mit anderen Worten: Kreativität im hohen Alter besitzt eine individuelle, biografische Geschichte. Somit lässt sich Kreativität als eine *kontinuierlich* gewachsene (und nicht plötzlich einsetzende) Eigenschaft charakterisieren. Die Lebenslaufmodelle heben zugleich hervor, dass sich Kreativität in den einzelnen Phasen des Lebenslaufs in unterschiedlicher Weise ausdrückt – dies in Abhängigkeit von den spezifischen Anforderungen, die in den einzelnen Lebensphasen an die Person gerichtet werden, wie auch in Abhängigkeit von den Fähigkeiten und Fertigkeiten, die die Person in den unterschiedlichen Lebensphasen zeigt, und den Gelegenheiten zu innovativem, schöpferischem Handeln, die sich in den einzelnen Lebensphasen bieten. Daneben werden allgemeinere Voraussetzungen für Kreativität genannt, die sich in frühen Phasen des Lebenslaufs auszubilden beginnen: Offenheit und Empfänglichkeit für neue Eindrücke, Erlebnisse und Erfahrungen, Neugierde, gepaart mit Erkundungs- oder Explorationsverhalten (das heißt: Interesse, die Umwelt zu »untersuchen«), schließlich Toleranz gegenüber Ungewohntem und (zunächst) als »fremd« Erscheinendem. Hinzu kommt möglicherweise ein bestimmtes Maß an Herausforderungen und Belastungen als Impulsgeber für kreativitätsförderliche Einstellungen und Handlungsansätze. Es wird in der Kreativitätsforschung hervorgehoben (und auch dies auf empirischer Grundlage), dass der frühe Umgang mit (allerdings nicht überfordernden!) Krisen und Belastungen gerade bei hochsensiblen *und* neugierigen Kindern als Impuls (»Treibstoff«) für ein ausgeprägtes Erkundungs- oder Explorations*motiv* dient, das sich günstig auf die Ausbildung von Kreativität auswirken kann. Und schließlich die »spielerische Haltung«: Sie wird für *alle* Lebensphasen als eine Grundlage für Kreativität angesehen. Das heißt: Auch alte Menschen müssen bereit sein, zu spielen, um sich ihr Kreativitätspotenzial zu bewahren. Der von Friedrich Schiller (1779–1805) in seiner Schrift *Über die ästhetische Erziehung* *des Menschen* eingeführte Begriff des »homo ludens« (des spielenden Menschen) soll veranschaulichen, dass das Spielerische zum Wesen des Menschen (Conditio humana) gehört – und dass wir dieses nie verlernen dürfen. Diese Aussage ist wichtig für das Verständnis der Entstehung und Bewahrung von Kreativität.

Es war eben von lebensphasenspezifischen Ausdrucksformen der Kreativität die Rede: Wir können in allen Phasen unseres Lebens kreativ sein, aber die Kreativität zeigt sich auf unterschiedliche Art und Weise. Was heißt dies für die Kreativität im Alter? Gibt es so etwas wie die *Alterskreativität*? In der Kreativitätsforschung finden sich in der Tat Hinweise darauf, dass sich die Kreativität der alten Menschen von jener der jungen Menschen unterscheidet. Vier Merkmale werden dabei genannt, die die Alterskreativität konstituieren: I. Hohes Maß an persönlicher Erfahrung; II. geschlossene Person-Gestalt im Sinne von Einheit und Harmonie; III. Integration unterschiedlicher Ideen und Perspektiven; IV. Akzentsetzung auf persönlich erlebten Alternsprozessen. Nicht selten werden die Unterschiede zwischen der Kreativität in frühen und in späten Lebensphasen wie folgt umschrieben: Erstere sei eher spontaner Natur (und damit besonders ursprünglich); in ihr komme das »Feuer« zum Ausdruck, das junge Menschen in sich spürten. Letztere hingegen äußere sich eher im souveränen Handeln (und spiegele damit Lebenswissen und -erfahrung wider); Kreativität im Alter sei gleichzusetzen mit der Arbeit an einer Skulptur. Wenn man nun alten Menschen diese Differenzierung zur Kommentierung und Bewertung vorlegt (wie ich dies schon häufiger getan habe), dann erhält man nicht selten zur Antwort: »Auch ich spüre Feuer in mir, auch ich erlebe mich als spontan und ursprünglich«. Kann vor dem Hintergrund der Kreativität (und der kreativitätsförderlichen Einflussfaktoren) gesagt werden: Hier treten die Altersunterschiede, die Unterschiede zwischen Jung und Alt zurück? Auch deswegen, weil wir gerade im Spiel diese Unterschiede nur noch in Nuancen wahrnehmen?

Wird die Frage nach dem Wesen der Kreativität aus Sicht der Erzeugnisse (Produkte) betrachtet, so kann man zum einen die »großen«, also langanhaltenden Beiträge der Person nennen, zum anderen die »kleinen Beiträge«, die deren Wohlbefinden und deren Nahumwelt zugutekommen. Entscheidend für die Bestimmung von Kreativität ist dabei der *Innovations- oder Originalitätsgehalt*. Inwieweit weichen die aktuell gezeigten geistigen, emotionalen, ästhetischen und kommunikativen Lösungsansätze von jenen ab, die die Person bislang gezeigt hat und die andere Personen gezeigt haben? Kreativität sollte definiert werden im Sinne der *Neuartigkeit* von Erzeugnissen, nicht im Sinne ihrer Nützlichkeit, ihres Wertes, ihrer Schönheit – letztgenannte Merkmale können aus der Neuartigkeit hervorgehen.

Spiritualität: Wie sie sich entwickelt, wie sie sich zeigt

Spiritualität (von spiritus, lateinisch: Geist) möchte ich als Geistigkeit verstanden wissen, die Menschen in ihrer Selbstreflexion mehr und mehr wahrnehmen, auf die sie sich einlassen, die sie auch als eine Möglichkeit erkennen, Körperliches und Materielles zu transzendieren, wobei Körperliches nie ganz aufgegeben werden kann: Unser Körper, eben auch in seiner Verletzlichkeit, ist in allen geistigen Prozessen in irgendeiner Form zugegen. Aber sich in die Sphäre des Geistigen (auch des Ästhetischen, des Religiösen) zu begeben und diese auf sich selbst wirken zu lassen: dies ist eine Erfahrung, die schon in jüngeren Jahren mit positiven Empfindungen verbunden ist; und dies gilt auch und vielleicht sogar erst recht im hohen Alter. Diese Erfahrung hat natürlich Auswirkungen auf die Aktivität, auch die Aktivität im gesellschaftlichen und politischen, also öffentlichen Raum: Denn es geht hier nicht um die Aktivität um ihrer selbst willen, es geht nicht nur um Handeln und Sprechen im öffentlichen Raum, also die Vita activa (von der Hannah Arendt so wunderbar spricht[28]), sondern um die – wie ich es nennen möchte – *Integration von Vita activa und Vita contemplativa*, also um die Verbindung von Handeln und Sprechen mit dem

---
28 Arendt, H. (1960). Vita activa oder vom tätigen Handeln. Stuttgart: Kohlhammer.

Geistigen, das Menschen in sich selbst wahrnehmen und immer weiter zur Entfaltung bringen – und von dem sich Handeln und Sprechen einmalmehr inspirieren lassen.

Wenn wir alte Menschen in Interviews danach gefragt haben, ob für sie der Begriff der Spiritualität eine Bedeutung besitze, haben sie vielfach in folgender Richtung geantwortet: »Bedeutung ja, aber ich weiß nicht genau, welche.« Mit anderen Worten: Die Geistigkeit scheint von der Person in irgendeiner Weise wahrgenommen zu werden, doch genauer anzugeben, was man selbst unter Geistigkeit oder Spiritualität versteht, fällt einem schwer. Dies mag darauf zurückzuführen sein, dass man schon lange nicht mehr über Spiritualität oder Religiosität gesprochen hat, schon lange nicht mehr danach gefragt wurde. Und es mag darauf zurückgehen, dass man sich schon lange vom kirchlich vermittelten Glauben zurückgezogen hat – und bislang nichts gefunden hat, was an dessen Stelle treten könnte.

Und doch finden sich in Interviews (in eigenen wie auch in jenen von Kolleginnen und Kollegen) Annäherungen an das persönliche Verständnis von Spiritualität. Zu nennen sind zunächst solche Umschreibungen wie Sinn, Glück, Lebensfreude, Dankbarkeit, Musik, Kunst, zudem Momente der Erfüllung und der Stimmigkeit, schließlich solche des Getragen-Seins. Zu nennen sind weiterhin das Göttliche, Gott (»der uralte Turm«), Gott als der Anfangs- und Endpunkt des Lebens, auch meines Lebens. Einen bedeutenden Zugang bilden sodann Transzendenzerfahrungen, die zum Beispiel im Sinne des Über-sich-hinaus-Seins gedeutet werden, wobei sich dieses Transzendenzerleben zumeist in persönlich bedeutsamen Situationen einstellt. Und schließlich werden spezifische religiöse Deutungen angeführt, wobei Religiosität hier auch verstanden wird als Identifikation mit einem Glaubenssystem.

Spirituelle Erlebnisse, Erfahrungen und Entwicklungen können der Person eine bedeutende Lebensgrundlage (man könnte vielleicht auch sagen: eine existenzielle Heimat) geben. Gemeint ist hier gerade nicht, dass sich die Person in das Spirituelle »flüchtet«, um vor Entwicklungsmöglichkeiten und Entwicklungsaufgaben, die

6 Die Vielstimmigkeit von Seele-Geist: Zur Kreativität und Spiritualität im Alter

ihr im konkreten, praktischen Leben gestellt sind, auszuweichen. Gemeint ist hier vielmehr, dass sich die Person in eine geistige (vielleicht geistliche) Sphäre hineingestellt sieht, die ihr Lebensgefühl mitbestimmt und sie dazu motiviert, immer wieder aufs Neue in die Welt zu gehen und diese mitzugestalten. Und schließlich kann diese Qualität als wichtige Hilfe in der Verarbeitung und Bewältigung von Schicksalsschlägen erlebt werden; was zumindest in der heutigen Generation alter Menschen nicht selten der Fall ist.

Die Entwicklungen in der spirituellen Dimension möchte ich als *eine Form von Kreativität* deuten. Denn es geht ja darum, durch Kontemplation und Meditation die Entfaltung des Geistigen (und Geistlichen) immer wieder aufs Neue anzustoßen und zu fördern – dies auch durch tägliche Praxis, für die Riten und Rituale hilfreich sein können. Im Prozess dieser Entfaltung erkennt die Person eine bedeutende Form der Selbstgestaltung – die ihr auch in den letzten Phasen oder am Ende des Lebens Halt zu geben vermag. Vielleicht ist gerade dies gemeint, wenn wir bei Rainer Maria Rilke lesen: »Ich kreise um Gott, um den uralten Turm, und ich kreise jahrtausendelang; und ich weiß noch nicht: bin ich ein Falke, ein Sturm oder ein großer Gesang.«

Ich möchte abschließend eine Form der Spiritualität (und der spirituellen Arbeit) anführen, die deutlich macht, wie verschiedenartig sich die Kreativität *in* der Spiritualität ausdrücken kann. Gemeint ist hier eine Deutsche Predigt des Meister Eckhart (1260–1327). Ich zitiere: »Wenn ich predige, pflege ich zu sprechen: von Abgeschiedenheit und dass der Mensch seiner selbst und aller Dinge ledig werde. Zum zweiten von Wiedergeburt in das einfaltige Gut, das Gott ist. Zum dritten vom hohen Adel, den Gott in die Seele gelegt. Zum vierten von Lauterkeit der göttlichen Natur: wie rein und durchsichtig sie ist, das ist unaussagbar.« (Deutsche Predigt, Nummer 53).[29] Worin besteht die Kreativität mit Blick auf

---

29 Meister Eckhart (1932). Die Überlieferung der Deutschen Predigten Meister Eckeharts. Textkritisch untersucht von Josef Quint. (Darin: Predigt 53 [S. 501–508]). Bonn: Ludwig Röhrscheid Verlag.

das hohe Alter? Sie besteht darin, trotz der Verletzlichkeit immer wieder zu sich selbst zu finden – und dabei mehr und mehr das Körperliche zu transzendieren. Es handelt sich bei dieser Transzendenzleistung um eine ungemein anspruchsvolle, ist doch der Körper bei allen seelischen und geistigen Prozessen, wie ich anfangs betont habe, irgendwie zugegen. Und doch ist diese Transzendenzleistung wichtig, wenn die Person nicht im Körperlichen steckenbleiben möchte. Die vermehrte Konzentration auf die Geistigkeit kann hier einen bedeutenden Weg zur Transzendenz beschreiben. Dabei bedarf die Person der Unterstützung von außen: sei es durch das empathisch geführte, Perspektiven aufzeigende und entfaltende Gespräch, sei es durch ästhetische Freuden, sei es durch die Freude an der Natur, sei es durch das Gebet. In Interviews betonen jene alten Menschen, die sich ausführlicher zu ihren Ausdrucksformen der Spiritualität äußern, dass es wichtig sei, sich kontinuierlich von einzelnen Lebensbereichen zu lösen, manche sprechen sogar von Ablösen. Dieses Sich-Lösen oder Ablösen ist alles andere als Ausdruck von Resignation oder Niedergeschlagenheit. Es ist vielmehr Ergebnis eines intensiven seelisch-geistigen Prozesses der Selbstreflexion, in dem die seelische und die geistige Qualität der eigenen Existenz immer deutlicher bewusstwerden – sodass sich möglicherweise (nämlich im Falle des Gelingens, das allerdings nicht immer angenommen werden darf) der eigene Erlebenshorizont *nach innen* erweitert und den Blick auf das Umgreifende freimacht.

7

Gedanken zu einer sorge- und pflegefreundlichen Kultur

Sich-Einschwingen in die erlebte Antinomie von Selbstverantwortung und bewusst angenommener Abhängigkeit

Warum ein Kapitel zur pflegefreundlichen Kultur und damit zur Pflegebedürftigkeit in einem Buch, in dem es um seelisch-geistiges Wachstum geht? Ist Pflegebedürftigkeit nicht das Gegenteil von seelisch-geistigem Wachstum, beschreibt sie nicht die Grenzen inneren Wachstums? Meine Antwort auf diese Frage lautet: nicht unbedingt, nicht notwendigerweise. Und auch hier gilt: Eine differenzierte psychologische Analyse ist unerlässlich, wenn es gelingen soll, Pflegebedürftigkeit einerseits, seelisch-geistiges Wachstum andererseits zusammenzuschauen. Den Ausgangspunkt meiner Überlegungen bildet dabei das Gegensatzpaar von »Selbstverantwortung« und »bewusst angenommener Abhängigkeit«. Wenn ich dieses Gegensatzpaar mit dem Begriff von *Antinomie* umschreibe, dann meine ich damit, dass trotz des inhaltlichen Gegensatzes zwischen Selbstverantwortung einerseits und bewusst angenommener Abhängigkeit andererseits eine »innere Verbindung« beider Begriffe besteht: Beide beschreiben grundlegende Aufgaben, die dem Menschen gestellt sind, beschreiben Merkmale des menschlichen Lebens. Sie können nicht unabhängig voneinander gedacht werden: Ich strebe nach Selbstverantwortung, versuche damit, etwaige Abhängigkeiten von der Hilfe anderer Menschen zu vermeiden. Zugleich aber gilt: Mir wird in allen Lebensphasen deutlich, dass ich ohne die Hilfe anderer Menschen gar nicht existieren kann; ich muss lernen, in bestimmten Situationen das Streben nach Selbstverantwortung hintanzustellen und mich auf das grundlegende Angewiesensein auf die Hilfe durch andere Menschen einzustellen. Diese einander widerstreitenden Strebungen zusammenzuführen oder in der Lebensgestaltung zu integrieren: Dies ist eine bedeutende Aufgabe, die dem Menschen in allen Phasen des Lebens gestellt ist – und die gerade im hohen Alter (noch einmal) thematisch wird. Denn die schon thematisierte Verletzlichkeit, die sich in der zunehmenden Pflegebedürftigkeit zeigt, führt zu diesen beiden widerstreitenden Strebungen. »Ich möchte mich nicht in meiner Selbstverantwortung beschneiden lassen«, so drücken es Menschen aus, bei denen infolge von Erkrankungen Pflegebedürftigkeit eingetreten ist; zugleich aber müssen sie sich selbst eingestehen: »Ich muss Abhängigkeit von der Hilfe anderer Menschen bewusst annehmen«, denn ohne diese Hilfe ließe sich das Leben im Kern nicht mehr führen, nicht mehr fortsetzen.

Die hier kurz skizzierte Antinomie stellt mich nun vor die Aufgabe, den Begriff der Selbstverantwortung wie auch jenen der bewusst angenommenen Abhängigkeit etwas genauer zu umschreiben – und zwar mit Blick auf die Thematik der pflegefreundlichen Kultur.

Selbstverantwortung umschreibe ich als das Verlangen des Menschen, (möglichst) viele Aufgaben seines Alltags selbstständig zu lösen bzw. zu bewältigen; einen weiteren Aspekt bildet das Verlangen, den Alltag (weitgehend) selbstbestimmt zu planen und zu gestalten. Wenn eine Person auf umfassendere Hilfe oder Pflege angewiesen ist, dann ist damit das Motiv der Selbstverantwortung nicht (notwendigerweise) reduziert oder erloschen. Vielmehr wandelt es seine Ausdruckgestalt, zum Beispiel in der Hinsicht, dass die eigenen Vorstellungen im Hinblick auf eine gute Begleitung, Versorgung und Pflege artikuliert werden und der Blick darauf gerichtet wird, inwieweit diese Vorstellungen ausdrücklich berücksichtigt werden. Und auch bei einem Menschen mit erheblichen kognitiven Einbußen ist es nach meinem Verständnis zentral, das Motiv der Selbstverantwortung im Auge zu behalten: Es geht nämlich darum, auf verbalem Wege (also durch direkte, vorsichtige Befragung) oder auf nonverbalem Wege (also auf Basis einer genauen Analyse des mimischen und gestischen Verhaltens) einen Zugang zu den Wünschen der hilfe- oder pflegebedürftigen Person zu finden und einen Eindruck davon zu gewinnen, welche Situationen von dieser Person eher »gesucht« und welche Situationen eher »gemieden« werden; eine derartige Analyse steht ganz im Dienste der Selbstverantwortung der Person und muss ihr auch entsprechend vermittelt werden. Vor allem die nonverbale (mimische, gestische) Analyse von Willensäußerungen ist eine anspruchsvolle Methode, denn diese erfordert, sich in das mimische und gestische Ausdrucksskript einer Person »einzulesen«. Zugleich aber ist diese Methode nicht nur fachlich, sondern auch ethisch in hohem Maße gefordert und angemessen, weil sie schon im Prozess der Anwendung vor Augen führt, wie gut es gelingen kann, die Selbstverantwortung einer Person selbst dann zu einer bedeutenden Aufgabe der Begleitung, Versorgung und Pflege zu machen, wenn diese in ihren geistigen (kognitiven) Fähigkeiten und Fertigkeiten erheblich eingeschränkt ist. Wir haben am Institut für Gerontologie über viele Jahre hinweg Forschung betrieben, in der neben der verbalen auch die nonverbale (Ausdrucks-) Analyse von Menschen

7 Gedanken zu einer sorge- und pflegefreundlichen Kultur

mit Demenz im Zentrum stand: Und in dieser Forschung konnten wir immer wieder erkennen, dass sich der Wille eines Menschen mit Demenz auch dann erfassen und abbilden lässt, wenn er diesen auf verbalem Wege kaum mitteilen kann. Ganz ähnliche Erfahrungen lassen sich bei Patientinnen und Patienten mit schwersten Schädigungen jenes Teils des Sprachzentrums beobachten, der für die Produktion von Sprache zuständig ist; und auch in der Begleitung von Menschen am Ende ihres Lebens erweist sich die nonverbale Ausdrucksanalyse vielfach als der einzige, aber durchaus auch gangbare Weg. So viel also zur Selbstverantwortung.

Wie lässt sich die bewusst angenommene Abhängigkeit charakterisieren? Sie beschreibt die von der Person nicht nur »notgedrungen hingenommene«, sondern nach und nach ausdrücklich akzeptierte Abhängigkeit von den fachlich und subjektiv als notwendig erkannten Hilfe- und Pflegeleistungen anderer Menschen. Und ich gehe hier noch einen Schritt weiter: Zu dieser Form von Abhängigkeit gehört in jenen Fällen, in denen die Hilfe oder Pflege zur Zufriedenheit der hilfe- oder pflegebedürftigen Person erbracht wird, die *ausdrückliche Anerkennung* dieser Leistung als eine, durch die die eigene Lebensführung wie auch die Lebensqualität erhalten bzw. gefördert werden.

Wenn ich von Abhängigkeit in dem hier gemeinten Sinne spreche, dann sind zwei weitere Aspekte zu nennen. Der erste: Durch die bewusst angenommene (und damit: »gelebte«) Abhängigkeit mit Blick auf einzelne motorische, sensorische und geistige Funktionen wie auch mit Blick auf einzelne Aktivitäten des täglichen Lebens können wir dazu beitragen, dass wir mehr Kräfte und mehr Zeit für die möglichst selbstständige Ausführung anderer, intakter Funktionen und Fertigkeiten aufwenden können – dies hat die Psychologin Margret Baltes (1939–1999) theoretisch eindrucksvoll eingeordnet und empirisch überzeugend dokumentiert.[30] Das heißt: Abhängigkeit kann auch so gedacht werden, dass sie im

---

30 Baltes, M. M. (1996). The many faces of dependency in old age. New York.

Dienste der Erhaltung von teilweise gegebener Selbstständigkeit steht. Der zweite Aspekt: Abhängigkeit darf in den allermeisten Fällen von Hilfe- oder Pflegebedürftigkeit nicht als eine »vollständige« Abhängigkeit gedacht und den Hilfe- oder Pflegekonzepten zugrunde gelegt werden. Abhängigkeit ist in fast allen Fällen eine *relative*, das heißt auf einzelne Funktionen und Fertigkeiten bezogene, aber keinesfalls eine totale, also auf alle Funktionen und Fertigkeiten bezogene Größe. Dieser zweitgenannte Aspekt begründet damit einmal mehr den erstgenannten – denn er hebt ausdrücklich hervor, dass Menschen durchaus Funktionen und Fertigkeiten besitzen, die sie ohne Hilfe und Pflege durch andere Menschen ausüben können.

Dieses Verständnis von Abhängigkeit, das diese beiden genannten Aspekte berücksichtigt, bringt Abhängigkeit wieder in eine Nähe zur Selbstverantwortung: Die Frage nach dem Grad (also der »Tiefe«) und dem Umfang (»Spektrum, Weite«) der Abhängigkeit ist eben auch aus der Sicht der Selbstständigkeit in einzelnen Funktionen und Fertigkeiten zu betrachten, mithin aus einer sehr wichtigen Dimension von Selbstverantwortung. Und weiter: Gerade eine derartige Betrachtung ist durch die enge Zusammenarbeit zwischen jener Person, die Hilfe oder Pflege empfängt, und jenen Personen, die diese geben, möglich: Denn in dieser Zusammenarbeit werden zum einen die spezifischen Formen der Hilfe oder der Pflege abgesprochen, man kann auch sagen: »ausgehandelt«. Zum anderen wird durch diese kontinuierliche Bewertung und Aushandlung der hilfe- oder pflegebedürftigen Person vermittelt: »Letztlich liegt die Verantwortung über das Gesamtgeschehen bei Ihnen«, womit der bereits genannte Aspekt von Selbstverantwortung noch einmal deutlich in Erscheinung tritt: Hilfe- oder Pflegeleistungen stehen im Dienste der Bedarfe und Bedürfnisse der hilfe- oder pflegebedürftigen Person, wobei sich in den subjektiven Bedürfnissen auch der *Wertekanon* dieser Person widerspiegelt – der sich im Prozess der Hilfe- oder Pflegebedürftigkeit graduell nach und nach wandeln kann: dabei übrigens auch in eine lebensbejahende oder lebensverneinende Richtung.

Nur: Was hat dies alles mit den wachsenden Ringen zu tun, in denen wir nach Lesart von Rainer Maria Rilke stehen? Meine Annahme lautet, und hier wird das Thema der Pflege auch zu einem psychologisch hochrelevanten, dass die Verwirklichung der Antinomie – von Selbstverantwortung einerseits, bewusst angenommener Abhängigkeit andererseits –, das heißt deren Vollzug im Erleben, Verhalten und Handeln als Ergebnis eines mehr oder minder langen Reifungs- oder Entwicklungsprozesses zu verstehen ist, in dessen Verlauf sich die Person mit ihren Werten, ihren Vorstellungen von einem guten Leben, ihren Bedürfnissen intensiv auseinandersetzt (und zwar im Sinne von innerer Verarbeitung und äußerer Bewältigung) und diese Werte, Vorstellungen und Bedürfnisse nach und nach an die gegebene Situation anpasst: ohne dabei zu resignieren, sondern in der Bereitschaft, auch in einer solchen Situation – die nicht wenigen Menschen als Grenzsituation erscheint – die schöpferischen Kräfte von Seele-Geist lebendig werden zu lassen.

Freilich: Der hier vorgetragene Anspruch an die seelischen Kräfte eines Menschen ist sehr hoch. Aber er ist nicht unrealistisch. Denn die Ergebnisse medizinisch-pflegewissenschaftlich-psychologischer Forschung zeigen doch sehr deutlich, dass jene Menschen keine Ausnahme bilden, denen es gelingt, auch in einer solchen Situation neue Qualitäten von Seele-Geist auszubilden oder aber bestehende Qualitäten immer weiter zu intensivieren bzw. zu kultivieren. Auch hier stellt sich die Frage, welchen möglichen Einflüssen besondere Bedeutung zukommt. Neben jenen, die ich in den vorangegangenen Kapiteln schon ausführlich beschrieben habe, sind im Kontext von Hilfe und Pflege vier besonders hervorzuheben. Erstens: Eine fachlich und ethisch fundierte medizinisch-pflegerische Versorgung, die (im wahrsten Sinne des Wortes) ganz auf der Seite der Patientin oder des Patienten steht und deren Wohl als Zielpunkt jeglichen Handelns definiert. Zweitens: Eine nicht nur lindernde, sondern auch wiederherstellende Konzeption von Diagnostik, Therapie und Pflege, die ausdrücklich erkennt und anerkennt, mit Blick auf welche Patientinnen und Patienten, mit

Blick auf welche Funktionen und Fertigkeiten eine Rehabilitation erfolgreich sein wird und aus diesem Grunde geboten ist. Drittens: Möglichkeiten zu »wahrhaftiger Kommunikation« mit vertrauten Menschen, in der über eigene Befürchtungen, Ängste, Hoffnungen, Wünsche und Perspektiven gesprochen werden kann. Gerade eine derartige Kommunikation hilft dabei, die eigenen Gedanken zu ordnen sowie Emotionen und Affekte nicht nur zu artikulieren, sondern auch besser zu verstehen (gerade auch in ihrer bedeutenden Mitteilungsfunktion!). Viertens: Die Erfahrung einer Sorgekultur, wie sich diese gerade in einer sorgenden Gemeinschaft ausdrückt, die sich in der Überzeugung der Notwendigkeit und Sinnhaftigkeit von praktizierter Solidarität um den kranken Menschen gruppiert.

Der letztgenannte Aspekt erinnert uns noch einmal an die Überschrift dieses Kapitels: Sorge- und Pflegekultur. Eine derartige Kultur entwickelt sich zunächst unter dem Einfluss der hilfe- oder pflegebedürftigen Person selbst: Inwieweit ist sie fähig und bereit, Sorge anzunehmen und zu erwidern (und sei die Erwiderung symbolischer Art)? Sodann entwickelt sich diese Kultur in der Kommunikation mit den engsten Vertrauten: Inwieweit versichern diese dem hilfe- oder pflegebedürftigen Menschen nicht nur kontinuierlichen Beistand, sondern auch Unterstützung in der »Ausbalancierung« von Bereichen der Selbstständigkeit und Bereichen der Abhängigkeit, sodass die hilfe- oder pflegebedürftige Person die Überzeugung gewinnt, selbstverantwortlich zu handeln und in der Lage zu sein, die eingetretene Abhängigkeit bewusst anzunehmen (ohne Bereiche potenzieller Selbstständigkeit auszublenden)? Und schließlich wird eine solche Kultur durch gesellschaftlich vermittelte Bilder von chronischer Krankheit, Hilfe- und Pflegebedürftigkeit mitbestimmt: Wie präsent sind Hilfe oder Pflege in gesellschaftlichen Diskursen? Wie wird in diesen Diskursen dieses große Thema behandelt? Inwiefern wird in der – sowohl fachlich als auch ethisch überzeugenden – Begleitung von Menschen mit Hilfe- oder Pflegebedarf eine wichtige Aufgabe von Gesellschaft und Politik wahrgenommen, die gleichwertig neben

7 Gedanken zu einer sorge- und pflegefreundlichen Kultur

der Behandlung und Pflege von Patienten und Patientinnen ohne langwierigen (bleibenden) Hilfe- oder Pflegebedarf steht?

Die Antinomie von Selbstverantwortung und bewusst angenommener Abhängigkeit führt mich zu einer anderen, sehr ernsten Thematik: dem *möglichen Suizidverlangen* von Menschen mit chronischer Erkrankung und daraus hervorgehender, umfassender Hilfebedürftigkeit oder Pflegebedürftigkeit. Der befürchtete oder erlebte Verlust der Selbstständigkeit, verbunden mit Abhängigkeit von der Hilfe anderer Menschen, kann dazu führen, dass es einer Person nicht mehr möglich erscheint, das Leben unter dem Eindruck des umfassenden Angewiesen-Seins auf Hilfe oder Pflege zu bejahen und fortzusetzen.[31] Dies ist nicht nur bei körperlichen Erkrankungen, sondern auch bei Erkrankungen des Gehirns – vor allem bei Demenzerkrankungen – der Fall. Bei Letzteren ist zu bedenken, dass schon die gedankliche Vorwegnahme möglicher geistiger Verluste und körperlicher Einschränkungen – verbunden mit zunehmender Abhängigkeit von der Hilfe und Pflege anderer Menschen – dazu führen kann, dass sich eine Person mehr und mehr mit der Frage befasst, ob ihr Leben unter diesen Bedingungen noch »lebenswert« ist und von ihr fortgesetzt werden kann. Das Sprachbild Rainer Maria Rilkes aufgreifend, drängt sich vielleicht die Frage auf: Gelingt es der betreffenden Person nicht mehr, den letzten Ring zu vollbringen? Ist der Versuch, diesen letzten Ring zu vollbringen, zum Scheitern verurteilt?

Bei einer äußeren Betrachtung mag dies so erscheinen; hingegen bei einer inneren, unmittelbar vom Erleben der Person ausgehenden Betrachtung kann sich dies anders darstellen: Vielleicht sieht die Person die Selbsttötung als Ausdruck einer »letzten Freiheitsäußerung« an und würde auf die Frage, ob sich im Suizid vielleicht ein »Scheitern« widerspiegelt, mit Unverständnis oder Entrüstung antworten. Und doch: Die Ausbalancierung von Selbst-

---

31 Siehe dazu: Deutscher Ethikrat (2022). Suizid – Verantwortung, Prävention und Freiverantwortlichkeit. Stellungnahme. Berlin: Deutscher Ethikrat.

verantwortung und Abhängigkeit sollte im Gespräch mit nahestehenden Menschen (innerhalb wie außerhalb der Familie) zum Gegenstand intensiver Reflexion gemacht werden. In den Gesprächen sollte thematisiert werden, inwieweit die derzeitige Situation so verändert werden kann, dass zentrale Werte und Kriterien der Person für ein gutes, lebenswertes Leben verwirklicht werden können – und wenn auch nur annäherungsweise. Gelingt es, Selbstständigkeit und Selbstverantwortung in einem Maße zu stärken, dass sich die Abhängigkeit in eine *bewusst angenommene* Abhängigkeit verwandeln kann? Und, um hier noch einmal auf die bereits angesprochene Lebensbindung zu sprechen zu kommen: Kann es gelingen, in den wahrhaftig geführten Gesprächen »das Leben« noch einmal stark zu machen, dem Leben eine Chance zu geben? In diesem Zusammenhang spreche ich von der »empathisch gestellten Störfrage«: Die einfühlsam (empathisch) gestellte Störfrage soll – ohne die Erschütterung des Gegenübers zu leugnen – Lebensbereiche bewusstmachen, in denen das Gegenüber zumindest früher Sinn erfahren und Stimmigkeit erlebt hat: Sind diese Quellen der Sinnerfahrung und des Sinnerlebens versiegt? Wenn der Suizidwunsch freiverantwortlich (zustande gekommen) ist und trotz der Störfrage auf Umsetzung drängt: Dann wird man diesen trotz intensiven Bemühens, trotz des *freundschaftlich gemeinten Kampfes um die suizidwillige Person* möglicherweise nicht mehr vermeiden können. So sehr man diesen Wunsch und dessen Umsetzung kritisch bewertet (oder für sich selbst sogar ablehnt), so wenig darf man vorschnell von einem »Scheitern« am Lebensende sprechen.

8

Ungleichheit abbauen, Teilhabe und Zugehörigkeit fördern

In diesem Kapitel werden einige Appelle an Gesellschaft, Politik und Kultur gerichtet, deren Umsetzung deswegen für die Thematik der seelisch-geistigen Reifung wichtig ist, weil durch die Schaffung und Sicherung sozial gerechter und teilhabeförderlicher Lebensbedingungen dazu beigetragen wird, dass diese Reifung mit deutlich höherer Wahrscheinlichkeit gelingen kann. Ich hatte bereits an mehreren Stellen des Buches hervorgehoben, dass bei aller Autonomie, Selbstverantwortung und Selbstgestaltung der Person – mithin bei aller »Eigenständigkeit« von Seele-Geist – keinesfalls an den biografischen und situativen Einflussfaktoren vorbeigegangen werden darf, wobei diese Einflussfaktoren auch als Rahmenbedingungen von innerer Reifung zu verstehen sind. Dies heißt, dass auch dann, wenn die Person in der Gestaltung ihrer seelisch-geistigen Entwicklung ein hohes Maß an Freiheit aufweist, sie in der Verwirklichung dieser Freiheit auf entwicklungsförderliche, anregende und unterstützende Bedingungen angewiesen ist – und zwar in allen Phasen des Lebenslaufes. Auf die Schaffung und Sicherung solcher Bedingungen hinzuwirken (und entsprechend auf die Bedeutung einer derartigen Forderung hinzuweisen), ist Aufgabe einer Sozial- und Gesellschaftspolitik. Dabei geht es mir hier in besonderem Maße um das hohe Alter, aber eben nicht nur, denn: Ungleichheit, fehlende Teilhabe und Zugehörigkeit als objektive Bedingungen und daraus erwachsende subjektive Erfahrungen stellen sich ja nicht erst im hohen Alter ein, sondern finden sich schon in vorangehenden Lebensphasen. Die damit einhergehenden Nachteile in objektiv gegebenen Entwicklungsbedingungen häufen sich im Lebenslauf. Durch diese Kumulation von Benachteiligungen engen sich auch die Gestaltungsmöglichkeiten der Person immer weiter ein.

Was genau bedeutet Ungleichheit? Damit wird ein gegenüber dem Gros der Bevölkerung erkennbares »Defizit« in den objektiven Lebensbedingungen, mithin in wichtigen *Rahmenbedingungen* für die Entwicklungsmöglichkeiten beschrieben. Es gibt auch im Alter ganze Gruppen von Menschen, die in vielerlei Hinsicht benachteiligt sind, bei denen also das Phänomen der sozialen Ungleichheit deutlich erkennbar ist. Sie verfügen über ein (sehr) geringes Einkommen (zugleich über keine Ersparnisse), sie hatten im bisherigen Lebenslauf, sie haben somit auch im hohen Alter nur geringe Bildungschancen; ihre Wohnbedingungen stellten und stellen sich in der Hinsicht als einengend dar, als die Wohnung vielfach zu klein ist, zahlreiche Mobilitätsbarrieren aufweist, in ihrer sanitären Ausstattung unzureichend ist sowie weit entfernt von Versorgungs- und Dienstleistungseinrichtungen liegt und zudem die Erreichbarkeit von nahestehenden Menschen sowie von Vereinen erschwert, womit auch das Gefühl der Zugehörigkeit erkennbar geschwächt wird. Schließlich bestehen erhebliche Ungleichheiten in der Verfügbarkeit sowie in der Nutzung von Versorgungs- und

Dienstleistungen, zum Beispiel ärztlicher Leistungen, was schon allein daran liegen kann, dass man nicht über ein Fahrzeug verfügt, um die Praxis zu erreichen, und dass zugleich die Anbindung des Ortes oder der Wohngegend an ein öffentliches Verkehrsnetz nicht gegeben ist. Damit sind nur einige, wiewohl bedeutende Merkmale von Ungleichheit angesprochen.

Ein in diesem Zusammenhang wichtiger Begriff ist jener der *Lebenslage*. Mit diesem Begriff soll ausgedrückt werden, dass wir nicht nur in einem Merkmal der objektiven Lebenssituation Ungleichheit oder erhebliche Benachteiligung finden, sondern gleich in mehreren Merkmalen: die Gesamtheit der Lebensbedingungen erweist sich als »fragil«, das heißt sie kann der Person kein ausreichendes Fundament für die selbstverantwortliche Gestaltung seelisch-geistiger Entwicklung, auch nicht für die selbstständige, autonome Lebensgestaltung bieten. Die Person gerät mit zunehmender Dauer der fragilen Lebensbedingungen mehr und mehr in eine gegenüber anderen Menschen *benachteiligte Position*. Unter solchen Bedingungen seelisch-geistig zu reifen, ist keinesfalls unmöglich, aber stellt doch eine erhebliche Anforderung dar. Hier der Frage nachzugehen – auf kommunaler, auf staatlicher Ebene –, was getan werden muss, um diese Arten der Benachteiligung möglichst weit aufzuheben oder (weitgehend) zu vermeiden, erscheint mir als erster Schritt zur Herstellung entwicklungs- und teilhabeförderlicher Lebensbedingungen. Hier spielen Aspekte wie Einkommenssicherung, zufriedenstellende Wohnqualität, Zugang zu (qualitativ hochstehender) Bildung und Versorgung, schließlich die Erreichbarkeit sozialer Begegnungsorte eine große Rolle.

Ich möchte noch beim Begriff der Lebenslage bleiben. Der Politikwissenschaftler Gerhard Weisser (1898–1989) hat das von ihm entwickelte Konzept der Lebenslage im Sinne eines Spielraums charakterisiert, den die gegebenen Lebensbedingungen einer Person für die Erfüllung ihrer Grundanliegen bieten. Grundanliegen sind solche, die die Person als zentral oder konstitutiv für den Sinn ihres Lebens erachtet. Warum ist das Konzept der Lebenslage wertvoll? Es werden in diesem – neben objektiven Kriterien eines guten Lebens – auch die subjektiven, persönlichen Kriterien angesprochen. Eine wichtige Aufgabe der Sozialpolitik ist also darin zu sehen, jene Menschen gezielt zu unterstützen, die ihre Grundanliegen durch eigenes Handeln nicht mehr erfüllen können und somit in ihren Möglichkeiten, ein persönlich sinnerfülltes und stimmiges Leben zu führen, (substanziell) eingeschränkt sind.[32]

Aber es ist nicht nur der Abbau sozialer Ungleichheit, dem unsere Aufmerksamkeit gelten muss. Hinzu kommen die Erhaltung, Förderung und Stärkung von Beziehungen zu Angehörigen und Zugehörigen, wobei hier nicht allein (auch nicht primär) die schiere Zahl an Beziehungen und Kontaktpartnerinnen bzw. -partnern wichtig ist, sondern auch (und vor allem) die *Qualität* der Beziehungen: Inwieweit findet die Person in diesen Beziehungen persönlich bedeutsame Anregungen, inwieweit Zuwendung, Bekräftigung und Ermutigung, inwieweit Bekundung von Nähe, Sympathie und Respekt, inwieweit Hilfe und Unterstützung in Lebensfragen und Alltagsgestaltung? Schließlich: Inwieweit findet sich in diesen Beziehungen eine *Gegenseitigkeit* von Geben und Nehmen, so dass sich die Person nicht nur als umsorgte (hilfeempfangende), sondern auch als sorgende (hilfegebende) erlebt? Den Erkenntnissen der Altersforschung (auch unseren eigenen Studienergebnissen) zufolge spielen zwei qualitative Aspekte sozialer Beziehungen eine große Rolle für die Lebensbindung: (a) Sinnerfahrung (oder Stimmigkeitserleben) und (b) Impulse für seelisch-geistige Reifung. Zum einen ist die Überzeugung zu nennen, in den Beziehungen zu An- und Zugehörigen eine persönlich erfüllende Aufgabe zu haben, das heißt et-

---

32 Weisser, G. (1952). Hauptmerkmale des Begriffs »Lebenslage«. Archiv der sozialen Demokratie. Nachlass Gerhard Weisser. Akte 2094. Bonn: Friedrich-Ebert-Stiftung. – Weisser, G. (1957). Einige Grundbegriffe der Sozialpolitiklehre. Archiv der sozialen Demokratie. Nachlass Gerhard Weisser. Akte 842. Bonn: Friedrich-Ebert-Stiftung. – Siehe auch den Überblick über das Lebenslagekonzept Gerhard Weissers in Leßmann, O. (2006). Lebenslagen und Verwirklichungschancen: verschiedene Wurzeln, ähnliche Konzepte. Vierteljahreshefte zur Wirtschaftsforschung, 75 (1), 30–42.

was für nahestehende Menschen tun zu können, was deren Leben fördert. Hier geraten speziell auch die jungen Menschen in den Blick alter Menschen: Was kann ich für die Jungen tun, wie kann ich selbst zu einem Teil anregender und förderlicher Entwicklungsbedingungen junger Menschen werden – und auf diese Weise in der jungen Generation auch dann fortleben, wenn ich physisch nicht mehr lebe? Zum anderen ist die Erfahrung wichtig, von anderen (vor allem: nahestehenden) Menschen gebraucht und geachtet zu werden, woraus sich ergibt: Es ist eben nicht einerlei, ob ich auf der Welt bin oder nicht. In der Erfahrung der Isolation fallen der Aufgabencharakter des Lebens wie auch das Erleben von Achtung und Zuneigung fort: und damit bedeutende Impulse für weitere seelisch-geistige Entwicklung. Denn: Warum soll ich in diese Entwicklung »investieren«, mich um diese bemühen, wenn ich vergessen und damit »aus der Welt gefallen« bin? Diese Überlegungen deuten darauf hin, dass auch die Anderen große Mitverantwortung für die seelisch-geistige Entwicklung der Person tragen: dies können wir uns nicht deutlich genug vor Augen führen. »Kein Mensch ist eine Insel, nur für sich selbst. Jeder Mensch ist Teil eines Kontinents, Teil eines großen Ganzen. Wenn ein Mensch stirbt, so schwächt mich dies: denn ich bin Teil der Menschheit.« So hat dies in der ersten Hälfte des 17. Jahrhunderts John Donne in seinem Text: »No man is an island« ausgedrückt. Und diese Charakterisierung der Beziehungsgestalt unseres Lebens hat bis heute nichts von ihrer Gültigkeit verloren.

Wenn ich von Teilhabe und Zugehörigkeit – als bedeutenden Rahmenbedingungen von Reifung – spreche, dann habe ich schließlich auch die Mitgestaltung des öffentlichen Raumes, mithin die *Mitwirkung an der politischen Willensbildung* im Auge. Ich habe schon an anderer Stelle ausgedrückt, dass die Mitwirkung alter Menschen nicht nur aus der Perspektive der »vita activa« – also des gemeinsamen Handelns im öffentlichen Raum – betrachtet werden sollte, sondern auch aus der Perspektive der »vita contemplativa«, also der Einbringung von Geistigkeit in politische Entscheidungs- und Umsetzungsprozesse, die in zentraler Weise Belange der Bürgerschaft tangieren. Alte Menschen können hier genauso anregend und befruchtend wirken wie junge. Und die in dieser Mitwirkung gewonnenen Erfahrungen können einmal mehr als ein »Stimulans« für seelisch-geistige Entwicklung dienen: Denn die Person kann nun sich selbst gegenüber konstatieren, dass sie auch den öffentlichen (nicht nur den privaten) Raum mitgestaltet und in diesen auch die eigene Geistigkeit, das heißt eigene Ideen und Vorstellungen einbringt. Die motivierende Kraft dieser Erfahrung können wir gar nicht hoch genug schätzen. Aus diesem Grunde ist es mir wichtig, alte Menschen auch in ihrer *politischen* Dimension, das heißt als für Demokratie und Nachhaltigkeit von Ressourcen Mitverantwortliche anzusprechen. Hier wird noch einmal deutlich, dass auch die Wahrnehmung von Verantwortung – von der schon ausführlich die Rede war – nicht ohne die Gestaltung der Umwelt, in der eine Person lebt, gedacht werden darf. Inwieweit ermöglicht und fördert die Umwelt Teilhabe, inwieweit regt sie zu dieser an – zum Beispiel dadurch, dass sie ihren Respekt vor der Würde der Person ausdrückt und ihr Interesse entgegenbringt? Eine Abwertung oder Diskriminierung alter Menschen zeigt sich ja schon darin, dass man ihren Würdeanspruch nicht wahrnimmt oder ignoriert und dass man ihnen die ehrliche Interessebekundung verweigert. Wie soll unter solchen Bedingungen seelisch-geistige Entwicklung gelingen, wie soll unter solchen Bedingungen die coram-Struktur von Verantwortung, von der die Rede war, lebendig werden oder lebendig bleiben? Ob ich mein Leben in wachsenden Ringen leben kann, ob ich den letzten Ring vollbringen kann, ist eben nicht nur von mir selbst, ist auch nicht nur von meiner individuellen Biografie abhängig. In dem Gelingen versus Nicht-Gelingen von einzelnen Entwicklungsschritten spiegeln sich auch Sensibilität und Verantwortungsübernahme der sozialen, der institutionellen und der politischen Umwelt – mithin der Gesellschaft – wider. Diese enge Verbindung darf nicht aus dem Auge verloren werden.

Sensibilität und Verantwortungsübernahme sind auch in der Hinsicht bedeutsam, als nicht jede Person Teil der »Mehrheitsgesellschaft« ist oder sich als solchen wahrnimmt. Hier ist das Thema der Diversität (im Sinne von Unterschieden und Gemeinsamkeiten von Personen oder Gruppen) angesprochen, das im Hinblick auf Herkunft, Ethnizität und Religion wie auch im Hinblick auf Geschlechtsidentität (siehe hier LGBTQ – Lesbian, Gay, Bisexual, Transgender, Queer) auf die Identifikation und die Beseitigung von Diskriminierungen zielt. Es lassen sich heute erhebliche Teilhabedefizite gerade von Personen mit den genannten sexuellen Orientierungen beobachten, denen sich die Forschung sowie die daraus hervorgehende Politik- und Organisationsberatung stellen müssen und deren Beseitigung zu den Leitbildern aller Organisationen gehören muss.

9

Grenze – Wachstum regt sich

»Ich lebe mein Leben in wachsenden Ringen«: Mit den seelisch-geistigen Reifungsprozessen, die in diesem Buch als Potenziale, als Entwicklungs*möglichkeiten* beschrieben wurden, wird nicht die (naiv anmutende) Annahme aufgestellt, dass unabhängig von der Biografie, unabhängig von den aktuell gegebenen Lebensbedingungen derartige Reifungsprozesse stattfinden könnten. Umgekehrt wird aber auch nicht die (gleichfalls naiv anmutende) Annahme vorgebracht, dass im Alter eine seelisch-geistige Reifung grundsätzlich nicht möglich sei. In den vorangegangenen Kapiteln wurden neben den seelisch-geistigen Entwicklungsmöglichkeiten im Alter die biografischen und situativen Einflussfaktoren genannt, die bedacht werden müssen, wenn es um die Beantwortung der Frage geht, inwieweit eine Person im Alter das Potenzial zu weiteren Entwicklungsschritten – auch in Grenzsituationen – besitzt und dieses Potenzial wahrnimmt, ernstnimmt und zu verwirklichen versucht. Dabei wurde auch deutlich gemacht, dass sich derartige seelisch-geistige Reifungsprozesse auch in Situationen beobachten lassen, in denen die Psyche des Individuums in hohem, wenn nicht sogar in höchstem Maße gefordert ist. »Und ich weiß nicht, ob ich den letzten werde vollbringen, aber versuchen will ich ihn«: Damit ist ja angedeutet, dass wir uns in Situationen gestellt sehen können, in denen wir – zumindest auf den ersten Blick – nicht mehr Möglichkeiten der Verarbeitung und Bewältigung, nicht mehr Möglichkeiten des inneren Wachstums erkennen; erlebtes Scheitern und erlebtes Aushalten, erlebtes Scheitern und erlebtes Wachsen halten sich in diesen Situationen die Waage oder aber das erlebte Scheitern dominiert das Erleben eindeutig. Und doch kann es Menschen auch nach längeren Phasen einer Antriebslosigkeit, wenn nicht sogar einer Melancholie durchaus gelingen, inneres, das heißt seelisch-geistiges Wachstum zu spüren. Als eine bedeutende, hilfreiche Metapher kann Paul Klees »Zwiesprache mit der Natur« dienen, in deren Verlauf er auch Farbtonungen, Momente entdeckt, in denen sich das Dunkle (welches uns als Grenze oder auch als Chaos erscheint) allmählich auflöst und mehr und mehr dem Hellen weicht, welches sowohl für Klarheit und Orientierung als auch für Wachstum steht, sodass man durchaus sagen kann: *Grenze – Wachstum regt sich.* In der Sprache von Rainer Maria Rilke: Vielleicht gelingt es, nach ersten Phasen des Scheiterns den letzten Ring zu vollbringen.

Diese Ambivalenz zwischen Scheitern (aufgrund von Überforderung) und Wachsen (ausgelöst durch die Erfahrung, dass seelisch-geistige Kräfte zuwachsen, dass die Lebensbindungen wieder deutlich spürbar werden), die im hohen Alter oft angetroffen werden kann und die sich gar nicht selten in Richtung auf seelisch-geistiges Wachstum bewegt (wir sollten hier die Widerstandsfähigkeit, die Kreativität wie auch die Lebensbindung vieler alter Menschen nicht unterschätzen), soll nachfolgend am Beispiel des dritten Satzes (»Adagio, ma non troppo. Fuga, Allegro ma non troppo«) der Klaviersonate 31 in As-Dur (Opus 110) von Ludwig van Beethoven (1770-1827) veranschaulicht werden. Es handelt sich um die vorletzte der von Beethoven komponierten 32 Klaviersonaten. Wie kaum ein anderer Satz eignet sich dieser dritte Satz aus Opus 110 dafür, die für die innere Welt vieler alter Menschen bedeutsamen Erfahrungen und Deutungen »hörbar« und damit vielleicht noch besser nachvollziehbar (oder: »miterlebbar«) werden zu lassen.

Zuerst blicke ich auf die Folge der sechs Tempobezeichnungen, die sich in diesem dritten Satz finden (nachfolgend zusammen mit den Takten angeführt, auf die sich die einzelnen Tempobezeichnungen beziehen):

- Adagio, ma non troppo (Takte 1-8)
- Adagio, ma non troppo, Arioso dolente (klagender Gesang) (Takte 9-26)
- Fuga, Allegro, ma non troppo (Takte 27-115)
- L'istesso tempo di Arioso, Perdendo le forze, dolente (ermattet, klagend) (Takte 116-136)
- L'istesso tempo della Fuga, poi a poi di muovo vivente (nach und nach wiederauflebend) (Takte 137-168, Anfang)
- Meno Allegro, Etwas langsamer (Takte 168, Mitte, -213)

Bei der musikalischen Deutung dieses Satzes stütze ich mich nicht nur auf eigene Erfahrungen, die ich beim Einüben des Satzes gewonnen habe. So wichtig diese Erfahrungen sind (sie bilden ja *eine* Grundlage der eigenen Werkinterpretation), so unvollständig müssen die Deutungen bleiben, die ihren Ausgang von ihnen nehmen. Die musikwissenschaftliche Literatur hilft, die eigenen Erfahrungen einer kritischen Prüfung zu unterziehen, sie zu modifizieren, in Teilen zu verwerfen und zu erweitern. Ich lasse – aus der umfangreichen Literatur über Ludwig van Beethoven und seine Klaviermusik – in den folgenden Zeilen immer auch den Musikwissenschaftler Jürgen Uhde (1913-1991) und sein ungemein gründliches, lehrreiches Buch »Beethovens 32 Klaviersonaten«

(1968/2019)[33] zu Wort kommen; dessen Aussagen habe ich ausdrücklich als solche gekennzeichnet. Der musikalischen Deutung der einzelnen Abschnitte folgt jeweils deren Übertragung auf die seelische Situation im hohen Alter. Abschließend integriere ich die einzelnen Übertragungen auf das hohe Alter zu einer psychologischen Gesamtschau.

Ich erlaube mir eine kurze Anmerkung dazu, warum sich die musikalischen Deutungen nicht auf wenige Sätze beschränken, sondern etwas ausführlicher ausfallen. Der hier in den Blick genommene Satz aus der Klaviersonate 31 As-Dur, opus 110, bildet für mich geradezu ein ideales Beispiel für den musikalischen Ausdruck der Ambivalenz zwischen Scheitern und Wachsen und des seelisch-geistigen Wachstums, in das diese Ambivalenz schließlich mündet. Es sei nicht bestritten, dass dieses seelisch-geistige Wachstum nicht notwendigerweise gelingt, sondern dass es eine – sicherlich nicht kleine – Anzahl von Menschen gibt, die in dieser Ambivalenz verharren oder die ihre gegenwärtige Situation nur noch als Belastung, ihren Umgang mit der Situation nur noch als Scheitern (-Müssen) interpretieren. In diesem Buch jedoch ging es mir vor allem um die Frage, wie sich seelisch-geistige Wachstumsprozesse im hohen Alter darstellen und wodurch diese gefördert werden: Woran erkenne ich dieses Wachstum, was eigentlich macht dieses möglich? Das hier gewählte Musikbeispiel soll uns für die Ambivalenz, für das seelisch-geistige Wachstum sensibilisieren oder öffnen. Es zeigt uns auf, dass wir als Menschen grundsätzlich an Grenzen stoßen, in denen sich das Erleben des Scheiterns einstellen kann, welches als schmerzlich empfunden wird. Es zeigt uns auf, dass wir in der permanenten Erfahrung deutlich erhöhter Verletzlichkeit »ermüden« können, wobei diese Müdigkeit nicht nur körperlicher, sondern auch seelischer und existenzieller Natur ist. Aber es zeigt uns eben auch auf, wie wir in der Erfahrung der Verletzlichkeit zu neuen Kräften finden, seelisch-geistig wachsen *können*. Mit diesen fast schon emphatischen Aussagen zu

---

33 Uhde, J. (2019). Beethovens 32 Klaviersonaten. Ditzingen: Reclam.

dem ausgewählten Musikstück möchte ich Leserinnen und Leser dazu einladen, sich dieses Stück anzuhören, sich auf dieses ganz einzulassen. Ich bin mir sicher: Auch jene Leserin, auch jener Leser, die bzw. der mit klassischer Musik nicht umfassend vertraut ist, wird sich von diesem Stück berühren lassen und beim Hören vieles von der Ambivalenz und dem seelisch-geistigen Wachstum erkennen, die im Zentrum meiner hier angestellten Überlegungen stehen. Dafür ist es gut, etwas ausführlicher auf die einzelnen Abschnitte des Stückes einzugehen und es nicht nur bei einer eher allgemeinen Charakterisierung zu belassen. Wem die sechs musikalischen Deutungen (jeder der sechs Abschnitte erfährt eine solche) zu weit gehen, der möge diese einfach überspringen und sich direkt der »Anregung für die psychologische Deutung« zuwenden, die der musikalischen Deutung jeweils folgt.

Es sei also mit der Deutung der sechs genannten Abschnitte und deren Übertragung auf die psychische Situation alter Menschen begonnen.

Musikalische Deutung der Takte 1-8: Der erste Takt steht schon im Zeichen des vierten Taktes, den Beethoven mit »Recitativo« überschreibt. Man kann hier von der Vorbereitung des Rezitativs sprechen, die allerdings im zweiten Takt unterbrochen wird; im dritten Takt knüpft Beethoven an den ersten Takt, also die Vorbereitung des Rezitativs an und lässt dieses schließlich im vierten Takt in seiner ganzen Ausführlichkeit erklingen. Die ersten drei Takte lassen noch keine Aussage über die Richtung des weiteren Geschehens zu; sie vermitteln den Eindruck des Unfassbaren, man könnte vielleicht sagen: des *noch* unfassbaren geistigen Prozesses. Im vierten Takt fühlt sich die Hörerin bzw. der Hörer in eine der beiden großen Passionen des Johann Sebastian Bach (1685–1750) versetzt: Das klagende »Recitativo« könnte – dem ersten Höreindruck nach – der Johannes- oder Matthäuspassion entnommen sein. Im fünften Takt (eingeleitet durch die Abschlussakkorde des vierten Taktes, die ebenfalls eher unbestimmt, nicht fassbar erscheinen) erklingt eine »Bebung« auf dem Ton »a«, das heißt dieser Ton muss immer wieder (nämlich 28mal) mit einem zunächst anziehenden, dann wieder zurückgenommenen (ritardando) Tempo gespielt werden, bevor im sechsten Takt und am Anfang des siebten Taktes eine Figur gewählt wird, die man als Abschluss des Rezitativs deuten kann: In den beiden genannten Passionen Johann Sebastian Bachs werden viele der Rezitative in ganz ähnlicher Art abgeschlossen. Takt 7, Ende, und Takt 8 leiten schließlich zum »Klagenden Gesang« über.

Anregung für die psychologische Deutung: Wie lassen sich diese acht Takte auf die seelische Situation im hohen Alter übertragen? Mit dem Rezitativ, welches hier im Zentrum steht, ist das Motiv des »Klagens« über einzelne Verluste angesprochen, die im hohen Alter zu verarbeiten und zu bewältigen sind; so der Verlust von nahestehenden Angehörigen und Zugehörigen, die Abnahme körperlicher Leistungsfähigkeit, vielleicht auch von geistiger Leistungsfähigkeit, schließlich die enger werdenden Lebenskreise. Derartige Themen als Kern der Klagen sind in Interviews mit alten Menschen nicht selten zu vernehmen. Die Tatsache, dass Klagen geäußert werden, hat noch nichts mit Niedergeschlagenheit oder Depression zu tun. Sie deutet vielmehr auf eine gewisse existenzielle Verunsicherung oder Erschütterung hin, die in Phasen des Verlusts erlebt wird. Kommen körperliche Schmerzen hinzu, dann werden Verunsicherung oder Erschütterung vielleicht noch stärker empfunden. Die Tatsache, dass das Rezitativ im Kontext von Takten steht, die den Eindruck des Unbestimmten, nicht Fassbaren vermitteln, lässt sich in der Hinsicht übertragen, dass sich Verunsicherung oder Erschütterung eher andeuten, aber nicht das Erleben dominieren. Und man kann auch sagen: In der gefassten, nicht ausufernden Klage kann sich auch das Moment *der bewusst angenommenen Verletzlichkeit* widerspiegeln. Und ich möchte fortsetzen: Solange die Klage auch eine gefasste bleibt, kann die bewusst angenommene Verletzlichkeit transzendiert werden in die bewusste, vielleicht sogar freudige Annahme des eigenen Lebens – auch in seiner Verletzlichkeit.

Musikalische Deutung der Takte 7-26: Diese Takte beschreiben den »klagenden Gesang«. Dieser Gesang (Arioso dolente) beginnt in

Takt 9 mit der Tonart as-Moll; die Takte 9 bis 11 sind bestimmt von drei absteigenden Linien, die das Motiv der Klage ausdrücken. Man fühlt sich hier eigentlich sofort erinnert an die Alt-Arie »Es ist vollbracht« aus der Johannespassion von Johann Sebastian Bach: Der erste, in h-Moll stehende Teil dieser Arie weist eine hohe Ähnlichkeit zu dem hier gewählten Motiv auf. Die Tonart as-Moll wird über Es-Dur in Takt 12 zur Paralleltonart Ces-Dur in Takt 13 geführt. In dieser Tonart nun steigt die Oberstimme nicht nur kontinuierlich auf (Takt 13 und Takt 14), sondern vollzieht in diesem Aufstieg sogar einen Oktavsprung (Takt 15). In den Takten 18 bis 20 wird das ursprüngliche Thema mit seinen absteigenden Linien wieder aufgegriffen und in den Takten 21, 22 (erste Hälfte) noch einmal akzentuiert; in der zweiten Hälfte von Takt 22 und in Takt 23 setzt die Rückführung in Ces-Dur an, die in Takt 23 erreicht ist. Der ganze Abschnitt zeichnet sich auch durch den kontinuierlich fließenden 12/16-Rhythmus aus, der nicht ein einziges Mal unterbrochen wird und zudem in den Takten 18, 19 sowie in den Takten 21–24 von der mittleren Stimme aufgenommen wird. Dieses Arioso endet mit einem Unisono in Ces-Dur (Kadenz im Umfang von sechs Noten). Die beiden letzten dieser sechs Noten sind im pianissimo zu spielen; über der letzten Note liegt eine Fermate (Aushaltezeichen), womit der von der Kadenz beschriebene Endpunkt noch einmal akzentuiert wird. Wichtig ist der Hinweis, dass die Kadenz (also die letzten sechs Noten) des Ariosos den Fugeneinsatz (siehe dazu den nächsten Abschnitt) wenn nicht vorbereitet, so doch zumindest andeutet. – Zwei von Jürgen Uhde angebotene Charakterisierungen seien hier angeführt: In dem Arioso finden wir ihm zufolge eine »wunderbare Balance zwischen Steigen und Fallen« (2019, S. 973); mit Blick auf das Ende des Ariosos hebt er hervor: »Der Augenblick der Wende in diesem Drama ist gekommen« (a. a. O., S. 975). Ich würde noch hinzufügen wollen: Hörerinnen und Hörer gewinnen gerade vor dem Hintergrund dieser Kadenz den Eindruck, dass nun die schwere Situation quasi »durchgetragen« ist, wobei das weitere musikalische Geschehen völlig ungewiss erscheint. Folgt nach diesem Durchtragen ein allmählicher Aufstieg hin zum Licht? Deutet das ruhige As-Dur, in dem die Kadenz gehalten ist, vielleicht die Möglichkeit und Bereitschaft zum Aufstieg an? Oder aber bleibt der Tragende in der Situation des Durchtragens quasi stecken?

Anregung für die psychologische Deutung: Welche Anregungen gehen von diesem Hörerlebnis für das Verständnis der seelischen Situation im hohen Alter aus? Hier erscheinen zunächst die Wechsel zwischen as-Moll und Ces-Dur, zwischen Aufstieg und Abstieg, schließlich die Balance zwischen Steigen und Fallen bedeutsam. Denn was deuten diese an, was über die psychologische Interpretation des ersten Teils noch einmal hinausgeht? Zunächst werden wir wieder Zeuge des Klagens über die eigene Verletzlichkeit, das ich schon im Sinne eines gefassten Klagens, im Sinne einer bewusst angenommenen Verletzlichkeit gedeutet habe. Doch die Balance zwischen Steigen und Fallen, zwischen Aufstieg und Abstieg verdeutlicht, dass auch der »klagende Gesang« durchaus Abstufungen (Variationen) in der Stimmung der Person einschließt, dass sich also auch im Klagen (wiederholt) Zeichen der Hoffnung und der Zuversicht zeigen können. Die bewusst angenommene Verletzlichkeit zeichnet sich geradezu durch die Offenheit (Empfänglichkeit) der Person für derartige Zeichen (Chiffren) aus. In der bereits an anderer Stelle angeführten Terminologie der von Viktor Frankl entwickelten Existenzpsychologie könnte man auch sagen: Hier kündigt sich ein allmählicher Wandel in der Einstellung der Person an. Und in der Terminologie der von Karl Jaspers verfassten Existenzphilosophie der Grenzsituationen ließe sich sagen: Hier wird zum Ausdruck gebracht, dass es einer Person durchaus gelingen kann, eine Grenzsituation durch die eigene Existenz zur Klarheit zu bringen, sich vermehrt der eigenen Existenz bewusst zu werden und in diesem Prozess zu wachsen, zu reifen.

Musikalische Deutung der Takte 27-115: Hier ist der erste Fugenteil angesprochen. Der Beginn der Fuge kann und darf eigentlich nicht losgelöst vom Abschluss des »klagenden Gesangs« und hier vor allem von der Kadenz (Takte 25, 26) gehört werden; denn wir befinden uns hier genau an der Stelle, die – wie eben zitiert – Jürgen

9 Grenze – Wachstum regt sich

Uhde mit »Augenblick der Wende in diesem Drama« umschreibt. Am Ende des Taktes 26, wenn die Fermate erklingt (und allmählich verklingt), drängt sich ja die Frage auf: Folgt nun ein Aufstieg zum Licht? Ist ein solcher Aufstieg hörbar, vernehmbar? Wir können antworten: Ja! Es wird nun eine dreistimmige Fuge mit der Grundtonart der gesamten Sonate – nämlich As-Dur – eröffnet. Der erste Fugenthemaeinsatz – piano zu spielen – beginnt mit dem Ton as in der Bassstimme; das hervorstechende Merkmal des (aus acht Noten gebildeten) Themas sind dabei drei aufeinanderfolgende Quartsprünge (as-des', b-es', c'-f'; Takte 27–30); der zweite Themaeinsatz (Takt 31) erfolgt in der Altstimme auf dem Ton es', der dritte Themaeinsatz (Takt 36) in der Sopranstimme auf dem Ton as'. Das Motiv, von den drei aufeinanderfolgenden Stimmen gespielt, vermittelt das Hörerlebnis eines kontinuierlichen Aufstiegs oder eines sich regenden Wachstums; das Bild des »sich regenden Wachstums« bietet sich auch deswegen an, weil die Kadenz des vorausgehenden Abschnitts quasi in einem »Stillstand« mündete. Jürgen Uhde charakterisiert den Fugenbeginn wie folgt: »So wird die Kette der ersten Einsätze bereits zum Klangereignis, vergleichbar dem zunehmenden Licht am Morgen.« (a. a. O., S. 980). An anderer Stelle wählt er für den gesamten ersten Fugenteil folgende Charakterisierung: »Der 1. Fugenteil führt die Handlung nach dem Tiefpunkt des Arioso dolente wieder aufwärts [...]. Die 1. Fuge ist von Hoffnung, ja, von Gewissheit, das Ziel zu erreichen, getragen.« (a. a. O., S. 978). Es erklingt eine Fuge, die uns in ihrem Stil an Fugenkompositionen aus der Barockzeit, vor allem an jene von Johann Sebastian Bach erinnert. Allerdings findet sich ab Takt 70 eine deutliche Erweiterung des Klangraums: in Takt 70 wird der bislang höchste Ton as'' erreicht, in Takt 73 der tiefste Ton Kontra-G. Zudem wird hier die Dynamik erheblich gesteigert: es ist fortissimo zu spielen. In den Takten 74 bis 79 erklingen in der Bassstimme – und zwar in dieser gesteigerten Dynamik – sechs direkt aufeinanderfolgende Quarten. Jürgen Uhde wählt hier das treffende Bild, wonach der Bass »unaufhaltsam« aufwärtssteige und Sopran- wie Altstimme »vor sich hertreibe«. In den Takten 105 bis 107 findet sich eine absteigende Linie von Kontra-G, Kontra-Ges, Kontra-F, Kontra-Fes, Kontra-Es, Kontra-D, Subkontra-C; von Jürgen Uhde mit »utopischer Tiefe« umschrieben. In Takt 110 würde man eigentlich den Abschlussakkord in As-Dur erwarten – und dies auch vor dem Hintergrund der gewählten Dynamik: fortissimo. Aber nun tritt eine *völlig unerwartete Wendung* ein: anstelle dieses Abschlussakkords führt Beethoven hier den Dominantseptimenakkord mit Abstieg und Aufstieg ein; wobei dem Aufstieg dann ein endgültiger Abstieg zur g-Moll-Tiefe folgt. Jürgen Uhde spricht hier von einem »furchtbaren Schwächeanfall« (a. a. O., S. 982), von einem »Sturz in die schäumende g-Moll-Tiefe.« (a. a. O., S. 982). Und weiter: Alle »Anstrengung« des ersten Fugenteils werde »jäh zunichte« gemacht (a. a. O., S. 982). – Fragen wir auch hier: Welche Anregungen mit Blick auf ein vertieftes Verständnis der seelischen Situation alter Menschen gehen von diesem Abschnitt aus? Was kann uns dieser erste Fugenteil vermitteln?

Anregung für die psychologische Deutung: Beginnen wir noch einmal mit dem »Augenblick der Wende«. Die innere, die psychische Situation scheint (zunächst) stillzustehen. Eine solche Situation ist bei vielen Menschen erkennbar, die sich gesundheitlichen Krisen, gesundheitlichen und sozialen Verlusten ausgesetzt sehen oder die nach einer ärztlichen Befundung vergegenwärtigen müssen, dass ihr Leben an das Ende gekommen ist oder bald kommen wird. Dieser Stillstand muss nicht Erstarrung bedeuten. Er kann auch das Zurückgeworfen-Sein der Person auf sich selbst widerspiegeln; in diesem Zurückgeworfen-Sein kann die Person vielleicht noch gar nicht voraussehen, ob ihr die »innere Befreiung« gelingen, ob Wachstum möglich sein wird. In diesem Stillstand kann sich weiterhin die vermehrte Konzentration der Person auf sich selbst ausdrücken, für die sie vor allem eines benötigt: Ruhe, und zwar im Sinne des Schutzes vor störender Ablenkung. Und natürlich: Es kann sich in diesem Stillstand auch eine Erstarrung zeigen, die möglicherweise über einen längeren Zeitraum anhält. Der erlebte Stillstand der eigenen Psyche – im Erleben der An- und Zugehörigen: der Psyche des nahestehenden Menschen – stößt die Frage an: Ist eine Bewegung zu erwarten? Und in welche Richtung wird diese weisen? Eine derartige Frage stellt sich, wenn wir in der hier vorgestellten Sonate bei der Fermate angelangt sind – und nicht wissen, »wie es weitergehen wird«; vielleicht sollte ich sagen: *noch nicht* wissen. Eine solche Fermate muss ausgehalten werden, und dies bedeutet übersetzt: ein solcher Stillstand muss ausgehalten werden. Dies gilt zum Beispiel bei der Begleitung eines chronisch kranken Menschen, der in Phasen der »akuten Exazerbation« – also der akuten Verschlechterung der Gesundheit und der Zunahme der Symptomschwere – in besonderem Maße darin unterstützt werden muss, zu seinen inneren Kräften zu finden, Hoffnung und neue Zuversicht zu entwickeln: denn gerade eine solche Perspektive – Finden zu inneren Kräften, Hoffnung und Zuversicht – ist für die gelingende Behandlung, Rehabilitation und Pflege, wie auch für die angemessene Palliation von großer Bedeutung. »Die Fermate, der Stillstand müssen ausgehalten werden«: Und doch ist der Blick auf das »Danach« gerichtet. Und hier erhält die Hörerin, erhält der Hörer einen ungemein wichtigen Impuls: Nach der Fermate setzt die Bassstimme in einer warmen Tonart (As-Dur), piano gespielt, mit einem Motiv ein, das wie kein anderes das *allmählich sich regende Wachstum* verkörpert. Wenn dann noch die beiden weiteren Stimmen mit diesem um eine Quint und schließlich eine Quart versetzten Motiv fortfahren: Dann stellt sich fast zwangsläufig die Assoziation des zunehmenden Lichts am Morgen ein, von dem Jürgen Uhde spricht. Dieses seelisch-geistige Wachstum wird – folgen wir der Fuge – immer kräftiger (Dynamik!), es wird auch nicht in seiner kontinuierlichen Entwicklung unterbrochen (durchgehend gleichmäßiger Rhythmus) und vor allem: Der Klangraum wird (in den genannten Takten) ungemein erweitert, und zwar »nach oben« wie auch »nach unten«, was man wie folgt deuten kann: sowohl die Antriebskräfte (»unten«) als auch die geistigen Kräfte (»oben«) werden hier angesprochen und gleichsam integriert. Kann man Wachstum musikalisch schöner ausdrücken? Wohl kaum. In den Takten 106 bis 110 wird die Dynamik noch einmal erhöht, bis sich in Takt 110, fortissimo gespielt, diese Dynamik fast zu entladen scheint – man vermutet, dass nun der – die gesamte Dynamik auffangende – As-Dur-Akkord erklingt. Anstelle dessen: der Abstieg in die Tiefe des g-Moll, der Abstieg in eine Ermattung, in eine Klage: Und gerade diese rasche Aufeinanderfolge von Wachstum und Ermattung beschreibt eine Ambivalenz, die wir im hohen Alter nicht selten finden. Das Erlebnis des Wachstums ist nicht von Dauer; es weicht jenem der Müdigkeit, jenem der Klage.

Musikalische Deutung der Takte 116–136: Es handelt sich hier um den zweiten Adagio-Teil, mit »ermattet, klagend« überschrieben; er steht mit der gewählten Tonart g-Moll einen halben Ton tiefer als der erste Adagio-Teil mit der Tonart As-Dur. Der zweite Adagio-Teil greift das Thema des ersten Teils auf, er ist zudem ganz im Geiste dieses ersten Teils komponiert, sodass sich deuten lässt: Die Komposition kehrt wieder zum Adagio-Teil zurück, nimmt dessen Gehalt vollumfänglich auf. Aus der Hörerperspektive: Die Stimmung des ersten Adagio-Teils stellt sich wieder vollumfänglich ein. Die Schlusswendung dieses 2. Adagio-Teils (Kadenz) ähnelt jener des 1. Adagio-Teils; aber eben nur zum Teil! Denn: mitten in der Kadenz findet sich der Übergang von g-Moll zu G-Dur. Es erklingen dann zehn Akkorde in G-Dur, die jeweils nur ganz kurz angespielt werden dürfen; ihnen folgt jeweils eine kurze Pause. Es entsteht hier der Eindruck: Der Rhythmus kommt zum Erliegen, er ist kaum noch hörbar. In den Worten von Jürgen Uhde: »Es ist ein willenloser, fast ein Todesrhythmus.« (a. a. O., S. 985). In den Takten 135 und 136 deutet sich – im gebrochenen G-Dur-Dreiklang – eine Wendung an: Die gewählte Tonart lässt dabei die Antizipation zu, dass eine Wendung in das »Licht« erfolgen könnte, die ja für den ersten Fugenteil charakteristisch war. Kehrt das Wachstum, kehrt die Möglichkeit zum Aufstieg etwa wieder zurück? Bevor auf diese Frage geantwortet wird, sei eine kurze psychologische Deutung dieses Teils vorgenommen.

Anregung für die psychologische Deutung: Mit diesem grundlegenden Wechsel der Stimmung, der zwischen dem ersten Fugen- und dem zweiten Adagio-Teil herbeigeführt wird, drückt Beethoven aus, was gerade Menschen in Grenzsituationen – und eben auch in den Grenzsituationen im hohen Alter – vielfach spüren: Dem erlebten und im Verhalten wie auch im Handeln umgesetzten Wachstum folgen Erschöpfung, Müdigkeit und Klage. Der ganze Aufstieg scheint vergebens gewesen zu sein, die Hoffnung erscheint als eine trügerische, die angesichts der immer noch als bedrängend erfahrenen Grenzen keinen Bestand hat. Vielleicht ist sogar das Herausgerissen-Werden aus dem Wachstum, aus der Hoffnung und Zuversicht in seinen subjektiv erlebten Effekten noch dramatischer als das erstmalige Eintreten in den Zustand der Klage. Beethoven wählt als Bezeichnung für den zweiten Adagio-Teil einen zusätzlichen Begriff, der in der Bezeichnung des ersten Adagio-Teils eben nicht vorkommt: »ermattet«. Es ist jetzt nicht mehr nur die Klage, sondern auch die Empfindung der Müdigkeit, der Erschöpfung, welche dominiert. Wie schreibt Else Lasker-Schüler in einem ihrer letzten Gedichte? »Man muss so müde sein, wie ich es bin. Es schwindet kühl entzaubert meine Welt aus meinem Sinn. Und es zerrinnen alle Wünsche tief im Herzen.« Die von Jürgen Uhde gewählte Charakterisierung der letzten rhythmischen Figur dieses zweiten Adagio-Teils mit »willenlosem«, ja, mit »Todesrhythmus« kommt dem von Else Lasker-Schüler gewählten Sprachbild sehr nahe. Und es sei hier ausdrücklich unterstrichen: Einen derartigen Stimmungswandel werden wir in einer Grenzsituation oder in einer Situation hoher seelischer Belastung gar nicht vermeiden können; wir sollten auch nicht versuchen, dies zu tun. Er muss – so schwer dies ist – ausgehalten, durchgetragen werden.

Musikalische Deutung der Takte 137–168, Anfang, und der Takte 168, Mitte – Takt 213): »Nach und nach wieder auflebend«: Diese Bezeichnung gilt dem zweiten Fugenteil. Dieser folgt dem Prinzip der Gegenbewegung: Die Altstimme leitet diesen Fugenteil ein, führt aber das – ursprünglich aufsteigende – Fugenthema nun in strenger Themenumkehrung »abwärts«: Die für das Thema des ersten Fugenteils charakteristischen Quarten sind auch konstitutiv für das Thema des zweiten Fugenteils; aber die Quarten werden in letzterem abwärts geführt, während sie in ersterem aufwärts geführt wurden. Jürgen Uhde spricht mit Blick auf die Eröffnung des zweiten Fugenteils von einer »frühmorgendlichen G-Dur-Atmosphäre« (a. a. O., S. 986). Bereits in den Takten 148 bis 150 wird das Fugenthema abgewandelt in g-Moll eingeführt; mit dieser Tonart wird ab Takt 153 eine ungemeine *Verdichtung* des Fugenthemas aufgenommen. Diese Verdichtung, die in den drei Stimmen immer »Radikale« (Reste) des Fugenthemas erklingen lässt, wird bis zum Anfang des Taktes 168 durchgehalten; wobei in der unisono gespielten Basslinie die – nun wieder aufsteigenden – Quartabstände aufscheinen, die der Verdichtung in den beiden Oberstimmen zusätzlich eine rhythmische und thematische Struktur verleihen. Diese Verdichtung (Takte 153 bis 168) bietet sich der Hörerin bzw. dem Hörer als eine höchst innovative, ja, fast schon experimentell anmutende Durcharbeitung des zweiten Fugenteil-Themas. Bisweilen gewinnt man den Eindruck, als sprengte Beethoven hier die Form – ein für die spätere psychologische Analyse wichtige Aussage. Ab Takt 168, Mitte (»Meno Allegro. Etwas langsamer«) wird diese Verdichtung allmählich zurückgenommen. Nur noch zwei Stimmen erklingen gleichzeitig, von Takt 170 Mitte bis Takt 174 Mitte ist es eigentlich nur noch eine Stimme, die durch eine jeweils zweite Stimme lediglich mit einem Ton unterlegt bzw. »gehalten« wird. Im zweiten Teil des Taktes 174 tritt das Thema des ersten Fugenteils in der unisono geführten Basstimme auf; da es das Thema des ersten Fugenteils ist, mit aufsteigenden Quarten. Es wird dabei von einer Oberstimme in Sechszehntel-Noten umspielt; in Takt 178 wird das Thema von der Alt-, in Takt 184 – diesmal mit Akkorden unterlegt – von der Sopranstimme aufgenommen. Durch diese Ablösung der Stimmen in der Präsentation des Themas des ersten Fugenteils wird ein eindrucksvoller »Erinnerungseffekt« erzielt: Das Thema des ersten Fugenteils wird nicht nur wiedererkannt, sondern kann sich nun besonders einprägen. Ab Takt 187 findet zudem eine Sequenzierung des absteigenden Teils des Themas des ersten Fugenteils statt – wobei dieser absteigende Teil eine immer höhere Stufe erreicht. In Takt 194 wird bereits a"" erreicht. In Takt 200 wird wieder das Motiv aufsteigender Quarten (charakteristisches Merkmal des Themas des ersten Fugenteils) aufgenommen, wobei auch diese eine immer höhere Stufe erreichen: der höchste Ton findet sich mit c"" in Takt 209; es handelt sich sozusagen um den »Gipfel« des gesamten Satzes. Arpeggien führen von diesem Gipfel herab und steigen noch einmal bis zum abschließenden As-Dur-Akkord auf. Das Thema des ersten Fugenteils wird dabei ab Takt 184 und noch einmal abgewandelt ab Takt 200 von ungemein lebendigen, fast rauschenden Sechzehntel-Figurationen begleitet; diese Art der Begleitung lässt Jürgen Uhde an einen »Hymnus« denken. Das Werk, so Jürgen Uhde, schließe mit diesem Hymnus geradezu »triumphierend« ab.

Anregung für die psychologische Deutung: Beginnen wir mit der »Gegenbewegung«. In ihr drückt sich im Vergleich mit dem im ersten Fugenteil umschriebenen Wachstumsprozess eine »Variation« aus. Der mit dem zweiten Fugenteil angedeutete Wachstumsprozess ist zwar jenem verwandt, der durch den ersten Fugenteil veranschaulicht wurde – und doch auch wieder »anders«. Das Prozesshafte der Psyche – wir springen niemals in denselben Fluss – wird hier einmal mehr betont. – Ich setze fort mit der »frühmorgendlichen G-Dur-Atmosphäre«, von der Jürgen Uhde spricht: Nach der Ermattung, verbunden mit der entsprechenden Klage, nach dem »willenlosen«, dem »Todesrhythmus« setzt sich ein neues Wachstum (Frühling!) durch. Aber eben »nach und nach wiederauflebend«, mithin nicht plötzlich, sondern allmählich: Die Person findet nach und nach zu ihren inneren Kräften zurück, und dieses Spüren der inneren Kräfte setzt einen Wachstumsprozess in Gang: Hoffnung und Zuversicht brechen sich Bahn. – Sodann ist die Verdichtung anzuführen, die ich als ein innovatives Moment gedeutet habe; innovativ ist sie aber nicht nur in musikalischer Hinsicht, sondern auch in psychologischer: Denn Verdichtung deutet einen Zuwachs an reflektierter Erfahrung, mithin an Lebenswissen an, das in der inneren Auseinandersetzung mit der Grenzsituation erarbeitet wurde.

Nun möchte ich zu einer zusammenfassenden Darstellung jener Anregungen kommen, die von dem 3. Satz der As-Dur Sonate, opus 110, mit Blick auf die Ambivalenz von Scheitern und Wachsen ausgehen. Sehen wir in diesem Sonatensatz nicht die beschriebene Ambivalenz zwischen Scheitern und Wachsen eindrucksvoll ausgedrückt? Zeigt dieser Satz nicht das seelisch-geistige Wachstum als einen möglichen Ausgang dieser Ambivalenz auf? Und: Kommt hier nicht die Unsicherheit, ob ich den letzten Ring vollbringen werde, in einer klanglich überzeugenden Art und Weise zum Ausdruck? Und können wir vor dem Hintergrund dieses Sonatensatzes nicht auch die von Rainer Maria Rilke getroffene Aussage: »Und ich weiß noch nicht: bin ich ein Falke, ein Sturm oder ein großer Gesang« mit gebotener Vorsicht beantworten: nämlich mit »großer Gesang«?

Es soll dieses musikalische Beispiel nicht dazu verführen, vorschnell von einer uns positiv erscheinenden Auflösung der genannten Ambivalenz zu sprechen. Aber dies tut dieses Musikstück auch nicht, und dies tue ich in seiner Übertragung auf die erlebte Lebenssituation im hohen Alter auch nicht. Es soll uns nur zeigen, wie tief diese Ambivalenz reichen und dass es durchaus gelingen kann, aus dieser einen positiven Ausgang zu finden. Dieser positive Ausgang lässt sich im Sinne seelisch-geistigen Wachstums auch in einer Grenzsituation deuten; seelisch-geistiges Wachstum in einer solchen Situation rechtfertigt es, einen Hymnus auf das hohe Alter anzustimmen. Denn dieses Wachstum weist uns auf psychische, vielleicht auch auf spirituelle Kräfte hin, die nicht einfach im hohen Alter obsolet sind, sondern die bis in diese Lebensphase hinein kultiviert werden können: und zwar unter der Bedingung, dass die Person offen ist für neue Gestaltungsmöglichkeiten in der Situation und Anregungen, aber auch anteilnehmende Solidarität durch ihre Angehörigen und Zugehörigen erfährt.

Belastungsdiskurse zum Thema »Alter« finden wir in öffentlichen Verlautbarungen zuhauf. Und auch im Kontext der Pandemie, von der anfangs die Rede war, wurden alte Menschen primär oder ausschließlich als zu schützende, als verletzliche Menschen charakterisiert. Was gar nicht zu Wort kam: Wie sehr es alten Menschen gelingen kann (und auch gelungen ist), eine solche gesellschaftliche Krise robust zu verarbeiten, zu bewältigen, schließlich zu überstehen, wie sehr sich auch hier seelisch-geistige Reifungsprozesse gezeigt haben, die sich – folgt man den Aussagen alter Menschen – schließlich zur Mitverantwortung verdichteten: nämlich zur Mitverantwortung für jene Menschen, auch junge Menschen, denen das Schicksal noch sehr viel mehr auferlegt, mit denen es das Schicksal nicht (so) gutgemeint hat.

Das musikalische Beispiel zeigt uns aber auch, wie Grenzsituationen das Erleben »tönen« oder »färben« können: Im Sinne der Erschütterung des Lebensfundaments, der Klage, des Stillstands, der im Augenblick keine Aussage darüber zulässt, ob die Grenzsituation innerlich überwunden oder verwunden werden kann. Dabei kann die Person aus dieser Erschütterung herausfinden – wir sollten sagen: zunächst herausfinden, sie kann das Motiv seelisch-geistigen Wachstums wieder spüren, schöpft Hoffnung und Zuversicht und fällt möglicherweise wieder in den Zustand der Erschütterung und des Klagens zurück, wobei sich zudem körperliche, seelische und existenzielle Müdigkeit einstellen und immer weiter vertiefen können. Und doch kann es gelingen, auch aus dieser tiefen Krise herauszufinden, wobei die in dieser Krise erfahrenen Verarbeitungs- und Bewältigungskräfte eine Grundlage für das sich erweiternde, differenzierende Lebenswissen bilden. Und diese Kräfte fördern seelisch-geistige Reife bzw. inneres Wachstum. Das auf den lateinisch-römischen Philosophen Seneca zurückgehende Wort: »Per aspera ad astra« (durch das Raue zu den Sternen), welches gerne auf Kompositionen von Ludwig van Beethoven angewendet wird, passt auch zu dem hier im Zentrum stehenden Sonatensatz wie auch zu dem hier beschriebenen Wachstum in einer Grenzsituation.

Freilich kann sich dieses seelisch-geistige Wachstum auch ohne das Durchschreiten derartiger Grenzsituationen einstellen. Es treten sicherlich bei jedem Menschen im hohen Alter Krisen auf, die nicht den Charakter einer Grenzsituation annehmen müssen. In

9 Grenze – Wachstum regt sich

Interviews heben alte Menschen vielfach hervor, dass das Leben im hohen Alter mit hohen seelischen Anforderungen verbunden sei; nicht nur der Körper, sondern auch die Psyche sieht sich derartigen Anforderungen ausgesetzt. Gleichzeitig berichten sie, dass es ihnen immer wieder gelingt, offen für die Schönheit der Natur, der Künste, der Begegnungen mit nahestehenden Menschen zu sein: eine bedeutende Umschreibung von sich immer wieder regendem seelisch-geistigem Wachstum – auch in akuten Krisen.

Abschluss

»Ich lebe mein Leben in wachsenden Ringen«: Ich habe in den vorausgehenden Kapiteln versucht, die potenziellen Wachstums- und Reifungsprozesse von Seele und Geist über den gesamten Lebenslauf und – als deren Ergebnis – potenzielle Stärken und Kräfte im hohen Alter zu beschreiben. Dabei ging es mir zu allererst darum, deutlich zu machen, dass die Psyche (als Verbindung von Seele und Geist) anderen Entwicklungsgesetzen folgt als der Körper: Während körperliche Veränderungen im Lebenslauf – in der Gerontologie auch mit dem Begriff der Biomorphose umschrieben – dem Gesetz des Aufbaus, der Stabilität und des allmählichen Rückgangs (verbunden mit erhöhter Verletzlichkeit) folgen, lassen sich die Veränderungen der Psyche vor allem im Sinne von Kontinuität, von wachsender Prägnanz und dem Potenzial zu weiterer

Differenzierung charakterisieren. Kontinuität meint dabei, dass Einstellungen, Haltungen sowie Verhaltens- und Handlungsansätze, die sich in früheren Lebensphasen nach und nach herausbilden, große formative Kraft für die entsprechenden Merkmale in späteren Lebensjahren zeigen: weswegen die biografische Analyse von Einstellungen, Haltungen, Verhaltens- und Handlungsansätzen in späteren Lebensjahren für ein tieferes Verständnis der Person unerlässlich ist. *Prägnanzbildung*: Nicht selten lässt sich im hohen Alter eine weitere Akzentuierung bestimmter Einstellungen, Haltungen, Verhaltens- und Handlungsweisen beobachten; manches Merkmal, das in früheren Lebensjahren nur in Ansätzen oder nur moderat erkennbar war, zeigt sich im höheren, vor allem im hohen Alter sehr deutlich, sehr prägnant. Man denke hier nur an den Humor oder den Ernst, an die gegebene oder (sehr) verhaltene Freigiebigkeit, an Offenheit und Toleranz oder aber Enge und Verschlossenheit in weltanschaulichen Fragen. *Potenzial zu weiterer Differenzierung*: Dies heißt, dass immer wieder neue Erlebnisse und Erfahrungen, auch Lernerfahrungen gemacht und gewonnen werden, die ihrerseits zu einem umfassenderen Erfahrungs- und Handlungshorizont beitragen (können).

Nun ist es aber nicht so, dass das Sprachbild der »wachsenden Ringe« nur subjektiv positiv besetzte Erlebnisse und Erfahrungen beschriebe. Vielmehr umfassen die »wachsenden Ringe« das ganze Spektrum von Erlebnissen und Erfahrungen, die auf die Person früher eingewirkt haben und heute einwirken. Doch wird mit den »wachsenden Ringen« nicht allein dieses Spektrum betont; es geht nämlich vor allem um solche Erlebnisse und Erfahrungen, in denen die Person – auch in ihrer Selbstwahrnehmung – *innerlich wächst und reift*, das heißt, in denen sie also »Seiten« (im Sinne von Merkmalen oder Eigenschaften) ihrer Psyche wahrnimmt, die sie vor diesen Erlebnissen und Erfahrungen nicht oder nicht in dieser Prägnanz wahrgenommen hat. Als Beispiel lässt sich die psychische Widerstandsfähigkeit in belastenden Situationen nennen: »Ich hätte nicht gedacht, mit einem derartigen Verlust fertig zu werden, wusste nicht, welche Kräfte ich habe, auch nicht, welche Zuversicht, welchen Optimismus«, wie es eine Studienteilnehmerin einmal ausdrückte, die (kurz vorher) in einem Interview auf den Verlust eines ihrer Kinder zu sprechen gekommen war. Als weiteres Beispiel ist die erlebte Zunahme an Lebensfreude im Austausch mit jungen Menschen zu nennen, wie sich dieser im bürgerschaftlichen Engagement oder in intergenerationellen (auch in politischen) Projekten ergibt.

Die »wachsenden Ringe« bilden die Grundlage für umfassendes existenzielles Wissen und Lebenswissen, wobei Ersteres das Wissen über die eigene Existenz in ihren »hellen« wie auch in ihren »dunklen« Seiten, in ihren Stärken wie auch in ihren Schwächen beschreibt, Letzteres das Wissen über das menschliche Leben im Allgemeinen. Das existenzielle Wissen kann eine wichtige Hilfe in der vom Gefühl der Freundschaft bestimmten Begleitung anderer Menschen in zentralen Lebensfragen und Konflikten darstellen, wobei das Lebenswissen – als eine allgemeinere Wissensform – das existenzielle Wissen rahmt und die »Begleitungskompetenz« einmalmehr verstärkt.

»Aber rühmen wir nicht nur den Weisen, dessen Name auf dem Buche prangt! Denn man muss dem Weisen seine Weisheit erst entreißen. Darum sei der Zöllner auch bedankt: Er hat sie ihm abverlangt.« Es handelt sich bei diesem Zitat um den Beginn der letzten Strophe des von Bert Brecht (1898–1956) verfassten Gedichts »Die Legende von der Entstehung des Buches Tao Te King auf dem Weg des Laotse in die Emigration«. Damit deutet Brecht an, dass es nicht genügt, Erfahrungen, Erkenntnisse und Wissen auszubilden – diese können erst dann ihren Nutzen (für das Individuum, für die Gesellschaft) entfalten, wenn die soziale Nahumwelt Interesse an ihnen zeigt und sie abruft. Diese Perspektive ist für mein Verständnis der »wachsenden Ringe« von grundlegender Bedeutung: Denn die Weitergabe von existenziellem Wissen und Lebenswissen ist auch davon abhängig, dass sich Menschen finden, die lebendiges und ehrliches Interesse an diesen Wissens- und Erfahrungskorpora äußern. Uns ist am Institut für Gerontologie der Universität Heidelberg deutlich geworden, welche motivationalen, lebensbindenden Kräfte das erlebte Interesse anderer Menschen (vor allem junger Menschen) am Lebensweg alter Menschen für deren Einstellung und Haltung gegenüber dem Leben besitzt. Dieses Interesse gründet auf einer unbefangenen, offenen Haltung gegenüber dem hohen Alter und alten Menschen.

Es sei Weiteres bedacht: Die wachsenden Ringe deuten auf ein ungemein schöpferisches Potenzial der Psyche in ihrer Reaktion auf Erlebnisse und Erfahrungen wie auch in der selbstinitiierten Gestaltung von »Selbst und Welt« – ein Aspekt, der in meinen Augen in der gesellschaftlichen Wahrnehmung von Alter und alten Menschen wie auch im forschungs- und praxisbezogenen Umgang mit Alter und alten Menschen nicht immer jenes Gewicht erhält, das er verdient. Aber genauso wichtig ist, hier zu bedenken: Anzahl und emotionale Qualität von Erlebnissen und Erfahrungen sind auch durch objektiv gegebene Lebensbedingungen vermittelt. Wenn die Person nicht auf eine ausreichende Anzahl von persönlich ansprechenden und erfüllenden Kontakten blicken kann, wenn materielle Bedingungen ein selbstbestimmtes, selbstverantwortliches Leben erschweren oder unmöglich machen, wenn die Wohnbedingungen die Teilhabe an kulturellen und sozialen Ereignissen erschweren, wenn im Falle chronischer Erkrankungen oder Pflegebedürftigkeit eine multidisziplinär angelegte Versorgung und Betreuung nicht gegeben ist – eine Versorgung und Betreuung, die die unterschiedlichen Dimensionen der Person anspricht –, dann ist die Wahrscheinlichkeit, dass die Person neue, vor allem positiv besetzte Erlebnisse und Erfahrungen macht, deutlich verringert. Die auf den ersten Blick hochgradig subjektive Bedeutung der »wachsenden Ringe« erweist sich auch als objektiv vermittelt. Daraus folgt: Die Förderung der objektiv gegebenen Lebensbedingungen ist nicht allein für körperliche und alltagspraktische Funktionen, nicht allein für soziale Interaktion und Kommunikation wichtig; sie besitzt auch für seelische und geistige Prozesse, mithin für die schöpferischen Kräfte der Psyche großes Gewicht.

Ich habe eben von dem *weiten Spektrum* an Erlebnissen und Erfahrungen gesprochen, die mit dem Sprachbild der »wachsenden

Ringe« angedeutet sind; zu diesen Erlebnissen und Erfahrungen gehören auch Grenzsituationen im Alter, wie sich diese im Falle des Verlusts nahestehender Menschen oder im Falle körperlicher Einschränkungen ergeben. Auch das immer drängender werdende Erleben begrenzter Lebenszeit kann durchaus als eine Grenze erlebt werden, die sich belastend auf die Lebenssituation auswirkt. Darf ich mit Blick auf eine derartige Situation von »wachsenden Ringen« sprechen? In der Diktion Rainer Maria Rilkes: Vielleicht ist hier der letzte Ring, dessen »Vollbringen« alles andere als sicher ist, das aber »versucht« wird, angesprochen. In solchen Situationen kann sich immer wieder das Erleben möglicher Überforderung, vielleicht sogar des Untergangs einstellen; dieses Erleben kann aber auch immer wieder der Überzeugung Platz machen, diesen letzten Ring doch vollbringen zu können. Diese Ambivalenz ist in Interviews mit alten Menschen nicht selten erkennbar. Und die Tatsache, dass viele alte Menschen das hohe Alter auch im Sinne von *Anforderungen und Herausforderungen der Psyche* charakterisieren, unterstreicht die erlebte Ambivalenz. Ob die Psyche ihre schöpferischen Kräfte auch in der drängenden Erfahrung dieser Ambivalenz bewahren und zeigen kann, ist auch davon beeinflusst, inwieweit es der Person im Lebenslauf gelungen ist, sich immer wieder auf ihre Psyche, auf ihre seelischen Kräfte zu besinnen – und dies damit auch im hohen Alter zu tun. Seelische Widerstandsfähigkeit kann durch die Besinnung auf sich selbst (zumindest in Teilen) »eingeübt« werden. Hinzu kommen *positiv besetzte Erlebnisse und Erfahrungen in der Biografie*, die der Person helfen können, in Grenzsituationen des Alters immer wieder aufs Neue zu sich selbst zu finden. Dies wurde uns auch in Interviews mit alten Menschen deutlich: Lassen sich positive Erlebnisse und Erfahrungen aus der Biografie erinnern und anführen, die der Person als ein »emotionaler Anker« oder »emotionaler Hafen« dienen können? Es kommt hinzu: Inwiefern besteht die Möglichkeit zum Austausch mit anderen Menschen, der als erfüllend und sinnstiftend empfunden wird? Inwiefern gewinnt die Person in diesem Austausch die Erfahrung, von anderen Menschen gebraucht zu werden, eine Aufgabe im Leben zu haben, etwas für andere Menschen tun zu können (auch wenn diese Aufgabe, auch wenn diese Sorge für andere Menschen symbolischer Art ist)? Die Möglichkeit zu solchen Erlebnissen und Erfahrungen in der aktuellen Lebenssituation ist für die schöpferischen Kräfte von großer Bedeutung.

Diese Aussagen möchte ich abschließend anreichern mit einem weiteren Beispiel aus der Literatur. Ich wende mich dem zweiten der »Vier Quartette« von Thomas Stearns Eliot zu, überschrieben mit »East Coker«. Thomas Stearns Eliot (1888–1965), dem 1948 der Literaturnobelpreis verliehen wurde, hat die »Vier Quartette«, die zu seinen Meisterwerken gerechnet werden, im Jahre 1943 veröffentlicht.[34]

Zunächst zum Hintergrund des zweiten Quartetts – »East Coker«:

East Coker ist ein Dorf im Bezirk South Somerset in Somerset, England. Eliot besuchte im Jahre 1937 East Coker. Dieses Dorf besaß für ihn besondere Bedeutung, da ein Vorfahr, Andrew Eliot, im Jahre 1669 von diesem Dorf aufbrach, um nach Amerika zu reisen. Das Urnengrab Thomas Stearns Eliots befindet sich bei der St. Michaels Kirche in East Coker. Es ist an diesem eine Gedenktafel angebracht, die folgende Inschrift trägt: »An meinem Anfang ist mein Ende. Bete in Deiner Güte für die Seele von Thomas Stearns Eliot, Dichter. An meinem Ende ist mein Anfang.« Diese Inschrift ist (auch) deswegen von Bedeutung, weil sie direkt auf das zweite Quartett – »East Coker« – verweist und auf die von Eliot in diesem Quartett ausgedrückte Verbindung vom *Anfang und Ende des Lebens*. Der erste Abschnitt dieses Quartetts beginnt mit der Aussage: »In my beginning is my end« (An meinem Anfang ist mein Ende). Der fünfte, abschließende Abschnitt dieses Quartetts endet mit der Aussage: »In my end is my beginning« (An meinem Ende ist mein

---

34 Eliot, T. S. (1943). The Four Quartets: Burnt Norton, East Coker, The Dry Salvages, Little Gidding. London: Faber & Faber. – Siehe auch: Eliot, T. S. (2002). Collected Poems 1909–1962, London: Faber Paper Covered Editions. Abdruck mit freundlicher Genehmigung von Faber & Faber.

Anfang). Dies markiert die Integration von Anfang und Ende. Und diese Integration wird noch einmal verstärkt durch den Beginn des fünften Abschnitts, wo es heißt: »Home is where one starts from« (Heimat ist der Ort, wovon man ausgeht).

Ich führe nun den Beginn dieses fünften Abschnittes an, der dazu dienen soll, die oben getroffenen Aussagen zu den schöpferischen Prozessen der Psyche zu verdeutlichen. Ich zitiere diesen Abschnitt im Original, damit die Leserin bzw. der Leser einen Eindruck von der emotional intimen, metaphorischen Sprache des Schriftstellers Thomas Stearns Eliot empfängt. Bei meiner nachfolgenden Deutung nehme ich auf einzelne Aussagen aus diesem Abschnitt Bezug, wobei ich jeweils auf die entsprechende Zeile verweise.

1	Home is where one starts from. As we grow older
2	The world becomes stranger, the pattern more complicated
3	Of dead and living. Not the intense moment
4	Isolated, with no before and after,
5	But a lifetime burning in every moment
6	And not the lifetime of one man only
7	But of old stones that cannot be deciphered.
8	There is a time for the evening under starlight,
9	A time for the evening under lamplight
10	(The evening with the photograph album).
11	Love is most nearly itself
12	When here and now cease to matter.
13	Old men ought to be explorers
14	Here or there does not matter
15	We must be still and still moving
16	Into another intensity
17	For a further union, a deeper communion
18	Through the dark cold and the empty desolation,
19	The wave cry, the wind cry, the vast waters
20	Of the petrel and the porpoise. In my end is my beginning.

Das Gedicht unterstreicht zunächst die große Bedeutung der Biografie (mithin der biografischen Analyse) für das Verständnis von Erlebnissen, Erfahrungen, Verhaltens- und Handlungstendenzen in der Gegenwart. Denn wie heißt es in den Zeilen 3–5? »Nicht der intensive Moment für sich genommen, ohne Vorher und Nachher, sondern ein ganzes Leben, das in jedem Moment brennt.« Wenn von »brennt« gesprochen wird, dann ist damit gemeint: Biografische Einflüsse sind nicht abstrakte, ausschließlich kognitiv vermittelte, sondern auch hochgradig emotionale und motivationale. Was ist damit gemeint? Biografische Erlebnisse und Erfahrungen schreiben sich nicht nur in unser Denken (Kognition), sondern eben auch in unser Fühlen (Emotion) und in unsere Bedürfnisse, Anliegen und Strebungen (Motivation) ein. Aber ist nur »unsere ganz eigene« Biografie gemeint? Nein! Denn: Der Blick ist auch auf unsere Vorfahren gerichtet, auf die Vorgängergenerationen, die – wenn auch nur schwer beschreibbar – unseren Werdegang indirekt beeinflussen: Sind wir doch Teil einer Generationenfolge; siehe Zeile 6f: »Und auch nicht die Lebenszeit eines einzigen Menschen, sondern von alten Steinen, die nicht entziffert werden können.« Sodann – siehe Zeile 15f – wird jener Prozess veranschaulicht, den ich mit »Introversion mit Introspektion« umschrieben habe – also die Konzentration auf die eigene Psyche, das Sich-Einschwingen in seelische Prozesse (Introversion), schließlich die Gewinnung von Erkenntnissen über sich selbst wie auch über das Leben, die aus diesem Einschwingen erwachsen (Introspektion). Und dieser Prozess – Introversion mit Introspektion – wird durch den biografischen Rückblick einmalmehr angeregt, gefördert: »Der Abend mit dem Fotoalbum«, so heißt es in Zeile 10. Die Offenheit, von mir als eine Grundlage schöpferischen Lebens gewertet, kommt in Zeile 13f wunderschön zum Ausdruck: »Alte sollten Entdecker sein. Hier oder dort, ist nicht wichtig.« Wobei Zeile 14 einen Hinweis auf Spiritualität und Transzendenz enthält (»Hier oder dort, ist nicht wichtig.«). Es wird von der »anderen Intensität« des Erlebens, von der »weiteren Vereinigung« der unterschiedlichen Prozesse des Psychischen (zum Beispiel bewusster und unbewusster Prozesse oder von Denken und Fühlen) und der »tieferen Kommunikation« mit anderen Menschen gesprochen (Zeile 16f) – und darin wird das besondere Potenzial des hohen Alters erblickt, denn in Zeile 13 heißt es ja ausdrücklich: »Alte«. Die Verwirklichung einer anderen Intensität unseres Erlebens, das Erreichen einer weiteren Vereinigung und einer tieferen Kommunikation ist auch an unsere Bereitschaft zur Kontemplation und Meditation geknüpft; zudem an unsere Bereitschaft, uns in die Dynamik der Psyche einzuschwingen und dadurch Impulse für weitere Entwicklungsschritte zu erhalten: »Wir müssen still sein und uns weiterhin bewegen« (Zeile 15). Das Gedicht vermittelt eine bedeutende Perspektive mit Blick auf *eine* der Richtungen, die Kontemplation und Meditation annehmen können: Angesprochen ist hier die *kosmische* Orientierung, das heißt das Erleben einer tiefgreifenden Verbundenheit mit dem Umgreifenden. Denn wie heißt es in Zeile 8f: »Es gibt eine Zeit für den Abend unter Sternenlicht, eine Zeit für den Abend im Lampenlicht.« Den »Abend unter Sternenlicht« – Ausdruck der kosmischen Orientierung – stellt Eliot dem »Abend im Lampenlicht« – Ausdruck einer weltimmanenten Orientierung – gegenüber. Für das hohe Alter ist der kontinuierliche Wechsel zwischen den beiden Orientierungen charakteristisch: Weltimmanente Orientierung und kosmische Orientierung wechseln einander ab, sie ergänzen sich gegenseitig. – Auch Grenzsituationen am Ende des Lebens werden in dem Quartett eindrucksvoll umschrieben (Zeile 18ff), eingeleitet mit dem Sprachbild der »dunklen Kälte« und »der leeren Trostlosigkeit.« Und wenn es uns gelingt, diese Grenzsituationen auszuhalten und innerlich zu überwinden, dann kann sich nach und nach das existenzielle Lebensgefühl einstellen, das in Zeile 20 wie folgt umschrieben wird: »An meinem Ende ist mein Anfang.«

Das Ende meines Lebens führt mich – idealiter – zum Beginn meines Lebens, zu meinem Ursprung. Dieses Bild lässt sich in meinen Augen eindrucksvoll durch die Goldberg-Variationen (BWV 988) von Johann Sebastian Bach (1685–1750) veranschaulichen: Diese beginnen mit einer Aria; es folgen 30 Variationen über das Thema der Aria; der letzten, 30. Variation (»Quodlibet«) folgt noch einmal die Aria (»Aria da Capo è Fine«). Wenn diese am Ende der Goldberg-Variationen erklingt, die ja eine Vielfalt von Klangeindrücken vermitteln – deren inneren Zusammenhang das in der

Aria vorgestellte Thema bildet: Dann stellt sich möglicherweise der Eindruck ein: Du bist an den Anfang zurückgekehrt. Und dieser Eindruck verbindet sich – vielleicht – mit dem Dank dafür, bereichert und beschenkt worden zu sein. Die Vielfalt von Klangeindrücken dient mir als Veranschaulichung der Vielfalt von Erlebnissen, Erfahrungen und Erkenntnissen im Lebenslauf; und es ist ein Glück, wenn im hohen Alter und am Ende des Lebens auf einzelne Erlebnisse, Erfahrungen und Erkenntnisse – und über diese hinaus: auf das Leben – mit der Haltung der Dankbarkeit geblickt wird, geblickt werden kann.

Dedikation

Das Manuskript für dieses Buch ist in jener Zeit entstanden, in der sich Frau Prof. Dr. Dr. h.c. mult. Ursula Lehr mit der »letzten Entwicklungsaufgabe« – wie sie dies umschrieb –, nämlich dem herannahenden Tod konfrontiert sah. In dieser Zeit gingen meine Gedanken immer wieder zu ihr; ich hatte zudem wiederholt die Möglichkeit, mit ihr zu sprechen. Ich schreibe dies hier, weil ich in den Gesprächen den Eindruck gewann, dass es ihr gelang, den »letzten Ring« zu vollbringen. Die Gedanken gingen auch deswegen immer wieder zu Frau Lehr, weil mir eimalmehr bewusstwurde, wie sehr sie meine wissenschaftliche und ethische Haltung zum Alter und alten Menschen geprägt hat. Für diese Bereicherung, für alle Förderung bin ich Frau Lehr zutiefst dankbar. Ihr sei das Buch gewidmet.

2021. 335 Seiten. Kart.
€ 29,–
ISBN 978-3-17-040586-8

Dieses Buch befasst sich mit Menschen, die an ihrem Lebensende stehen, und ihren persönlichen wie fachlichen Bezugspersonen, die sie auf diesem letzten Abschnitt begleiten. Es zeigt Haltungen und Bewältigungstechniken seitens schwerkranker oder sterbender Menschen wie auch Versorgungs-, Begleitungs- und Umweltbedingungen auf, die dazu beitragen, das Lebensende so gut wie möglich den eigenen Vorstellungen entsprechend gestalten zu können. Der Autor strebt mit seinem Buch an, den Menschen darin zu unterstützen, eine akzeptierende Haltung gegenüber der Endlichkeit des Lebens zu entwickeln und seine Vorstellungen von einem guten Leben gegenüber den Bezugspersonen deutlich zu artikulieren.

Auch als E-Book erhältlich.
Leseproben und weitere Informationen: **shop.kohlhammer.de**